협업의 힘

# 협업의 힘
## COLLABORATION POWER

임채연 지음

$3 + 3 = 6$ 더하기 **동업**을 할 것인가

$3 × 3 = 9$ 곱하기 **협업**을 할 것인가

호이테북스 today

머리말

# 협업의 시대,
# 협업을 디자인하고
# 리딩하라

홀로 독자적으로는 어떤 것도 이룰 수 없다.

사람은 혼자 살 수 없다. 기술은 나누어지고 깊어지고 있기 때문에 홀로 완성하기 힘들다. 일도, 연구도 누군가와 함께 할 수밖에 없게 된 것이다. 노벨상도 요즘은 공동 수상이 대세가 되었다.

같이 한다는 협업(協業), 즉 콜라보레이션(Collaboration)은 동업(同業, Partnership)과 다르다. 같이 한다는 의미에서 협업은 매력적이다. 경쟁자와도 동맹을 맺는 세상이다. G20, 아세안+2와 같이 다자간·개방형 협업 사례도 많아지고 있다. '부즈·앨런&해밀턴'의 보고서에 따르면, 전 세계적으로 기업 간 제휴가 매년 25%씩 증가하고 있다고 한다. 그러나 동업은 왠지 두렵다. 남녀 가수가 콜라보로 부르는 노래는 귀를 즐겁게 하지만, 동업은 '사기를 당했다' 또는 '깨졌다'는 소리가 더 많이 들리기 때문이다.

## 협업하는 인간만이 살아남을 수 있다.

우리는 Collaboration People, 즉 협업해야 하는 인간이다. 혼자서 모든 것을 다 할 수는 없다. 과거 포드자동차는 일을 나누어서 하는 분업(分業)에 기초한 컨베이어 시스템으로 시장을 석권했다. 산업화 시대의 성공 요인이다. 기계 부품처럼 각각의 물건을 만들던 시대에는 나누는 것만 잘 하면 되었다.

그러나 지식이 중심이 되는 창조경제 프레임에서는 서로 교감하고 공감해야만 한다. 이제 일을 나눠서 하는 분업만으로는 좋은 결과를 얻기 어려운 시대가 되었다. 나 혼자 모든 것을 할 수 없으니 같이 하자는 협업은 결국 나도 살고 너도 사는 방법이라고 할 수 있다. 이 말은 과거처럼 단지 나누기만 하는 분업을 유지하는 것은 같이 죽는 길이라는 뜻이 될 수 있다.

그렇다면 같이 살기 위한 협업을 위해 가장 먼저 해야 할 일은 무엇일까? 팀을 구성하는 것이 시작이다. 대부분의 사람들은 주변에 쓸만한 사람이 없다고 말하곤 한다. 그러나 누군가와 함께 해나가지 못할 때의 결과를 두려워하는 마음으로 인재를 찾는다면 주변에 사람이 보이기 시작할 것이다.

그리고 나면 '그 사람들'과 함께 무엇을 할지 정해서 첫걸음을 떼야 한다. 처음에는 성과가 없으면 속상하겠지만, 그보다는 의미 없는 결과가 더 문제다. 문제점을 모른 채 잘못된 방향으로 나아갈 수 있기 때문이다.

1 + 1은 3이 될 수 없다. 3 + 3은 6이지만 3×3은 9가 된다.

무작정 채우려고 하면 한없이 불어난다. 버릴 것은 버려서 그릇을 새로 채우도록 해야 한다. 지킬 것은 지켜서 흔들리지 않는 뿌리도 만들어야 한다. 준비가 되었다면 이제는 키울 차례. 더하기로는 시너지가 나오지 않는다. 덧셈을 능가하는 곱셈이 필요하다. 그래서 이 책은 곱셈으로 가기까지 살펴보아야 할 다음의 다섯 가지를 먼저 구성했다.

(1) 시작이다. 협업팀을 구성하는 것에서부터 출발한다.
(2) 무엇을 할 것인지 정하고 이루어야 할 것을 그린다.
(3) 의미 있는 작은 성과를 만드는 소중한 첫걸음을 내딛는다.
(4) 채우기 위해 그릇을 비운다.
(5) 지켜야 할 뿌리를 흔들리지 않고 지킨다.

그 뒤 마지막으로 '(6) 더함보다 더욱 커지는 곱하는 콜라보레이션 피플(Collaboration People, 콜라플)'이 되는 길을 제시했다. 1장부터 5장까지는 협업팀이 되는 방안과 주변에서 실제로 발생한 실패 및 성공 사례를 각각 제시했다. 6장에서는 우리가 바로 활용할 수 있는 협업 툴을 제안해 협업의 효과를 직접적으로 얻을 수 있도록 했다.

협업은 준비된 조직만이 가능하다.

우리는 혼자 할 수 없어서 팀을 구성한다. 하지만 준비가 미흡할 경우, 혼자 할 때보다 힘은 더 들고 기대하는 성과는 나오지 않기 쉽다.

협업을 제대로 하기 위해서는 협업이 어떤 것인지 알고 준비해야 한다. 둘 중 하나를 선택하는 괴로운 결정도 감수해야 한다. 협업을 위한 도구도 마련하고, 발생할 수 있는 장애를 극복해 나갈 각오도 해야 한다. 이 책에 등장하는 50개의 이야기를 통해 모쪼록 자기 팀의 문제점을 파악하고, 새롭게 나아갈 방향을 발견하기를 바란다.

저자 임채연

# CONTENTS

## 3장

## 첫걸음을 인정해야
## 내딛을 수 있다

## 4장

## 버릴 것을 버려야만
## 다시 채울 수 있다

## 5장

## 지킬 것은 지켜야 흔들리지 않는다

## 6장

## 더하기를 넘어서 곱하기로 도약한다

# 1장

# 여럿이 같이는
# 팀 구성에서 시작된다

나에게 사람이 없음을 탓하지 말고,
있는 사람과 함께 하지 못함을 두려워하라.

# 01. 1등 vs. 꼴찌

성적을 높이기 위해 1등과 꼴찌를 짝으로 만든다. 1등이 꼴찌에게 도움을 주고, 꼴찌에게 1등을 따라 하게 하면 성적이 오를 것이라고 생각하는 것이다.

한 반에 학생이 60명이 넘던 시절에는 효율적인 수업과 학습이 사실상 어려웠다. 대략 중간 수준에 맞춰 설명하다 보면 그 위의 학생은 지루하고, 그 아래 학생은 어려워서 잠이 왔다. 요즘은 한 반이 30명 정도로 사정이 나아졌다. 하지만 수준을 맞추기가 쉽지 않은 것은 매한가지다.

### 1등이 꼴찌를 도와주도록 한다. 과연?

그 당시 선생님은 서로 도움이 되기를 바라는 마음에 1등과 60등, 2등과 59등을 같이 앉도록 했다. 1등이 60등을 지도하고, 2등이 59등을 이끌도록 하려는 목적에서였다. 그러나 드라마 '응답하라 1988'에서도 보았듯이 이 방법은 그다지 효과가 없었다. 두 사람은 학교에 등

교한 이유도 다르고, 관심사도 달랐다. 둘 다 선생님께서 시키시니 뭔가 하는 척 시늉만 했을 뿐이다.

기업 내에서도 종종 1등과 꼴찌를 한 팀으로 묶곤 한다. 1등의 지도와 편달로 성과를 내라는 의도다. 선생님께서 1등과 꼴찌를 짝으로 만든 것과 같은 상황이다.

1등과 꼴찌를 짝지은 후 다정한 대화와 협업이 있기를 기대한다.

다음은 2020년 12월13일자 중앙일보에 실린 배동만 제일기획 전 사장의 기억이다.

내가 신라호텔 이사로 일할 때 회장님께 호되게 혼난 적이 있다. 어느 날인가 전화가 와서 받았는데 회장님이었다. "신라호텔 빵 맛이 그게 뭐냐? 그게 빵이냐?"라고 마구 야단을 치셨다. 그러더니 "어떻게 할 거냐?" 고 물으시더라. 나는 "퀄리티를 높이기 위해서 캐나다산 밀가루를 쓰고, 발효 등 공정 과정, 수증기의 양, 굽기 온도, 에이징(aging) 등을 깊이 관찰하겠습니다. 직원들을 프랑스나 일본으로 연수를 보내서 품질을 높이겠습니다"라고 말했다. 그랬더니 회장님께서 "엉뚱한 답을 이야기하고

있다"며 "지금 내가 기다릴 테니 답을 찾아보라"고 하시더라. 정말로 1분
이상 전화를 안 끊고, 아무 말없이 계시더라. 나는 계속 멍 때리고 있었
는데 갑자기 번쩍하고 생각이 났다. "유능한 기술자를 스카우트하겠습니
다"라고 대답하니까 그제야 회장님께서 "왜 알면서도 못하느냐"고 하시
더라.

이처럼 세상에 빵을 가장 잘 만드는 기술자를 임원보다 더 많은 월
급을 주고 데려오면 더 좋은 빵을 만들 수 있는 것은 사실이고, 매우
효과적인 방법이다. 많은 기업들이 규모가 크고, 매출이 높고, 이익
이 큰 회사에서 인재를 스카우트하여 좀 더 나은 회사를 만들려고 시
도한다. 하지만 신라호텔 같은 성공 사례를 찾기는 쉽지 않다. 대기업
에서 중견 기업으로 스카우트되었을 때 금기 중 하나가 전 직장과 현
직장을 비교하지 말라는 것이다. 대기업의 성공을 이식하기 위해 중
견 기업으로 왔는데 비교하지 말라니 선뜻 이해가 되지 않을 것이다.

한 예로 중견 그룹인 C기업을 보자. C기업은 국내 최고 기업인 삼성
SDS와 LG CNS 등에서 최고의 전산 프로젝트 관리자를 스카우트해
업무를 맡겼다. 하지만 성공보다 실패를 더 많이 경험했다. 삼성 SDS
에서는 프로젝트 수행을 위해 기획, 관리, 품질, 기술 등 8개 부서의
지원을 받았지만, C그룹에서는 그런 지원이 거의 없었기 때문이다.

이처럼 전 직장에서의 성공은 자신의 능력과 조직의 지원이 조합된
결과라고 할 수 있다. C그룹에 지원이 적다고 말해봤자 불평으로 비
쳐질 뿐이었다. 반면에 신라호텔은 새로 들어온 빵 전문가에게 모든
지원을 해주었다. 좋은 재료를 쓸 수 있도록 해주었고, 숙련된 주방
요원과 장비까지 충분해 실력을 발휘하는 데 큰 문제가 없었다.

새로운 아이디어에는 1등이 없다.

많은 중견 기업들이 삼성과 현대자동차에서 우수한 인재를 모셔간다. 하지만 기대 만큼 성과가 나지 않는 것은 1등과 꼴찌를 짝지어서 성공하기가 쉽지 않다는 방증이다. 애플이나 구글에서 인재를 스카우트하더라도 성장할 수 있는 토양을 만들어 주지 않는다면 아이폰이나 구글 검색은 나올 수 없다.

마이크로소프트는 조직 내 다양한 부서들이 타 부서와 담을 쌓은 것처럼 교류하지 않고, 내부적인 이익만을 추구하는 '사일로 현상'으로 십수 년 동안 고전을 면치 못했다. 그 후 협업을 통해 구글, 애플, 아마존 등에 밀려서 내주었던 시가총액 1위 타이틀을 16년만에 되찾을 수 있었다. 이를 위해 마이크로소프트는 첫 번째로 본인의 업적을 묻고, 두 번째로 동료의 업적에 얼마나 기여했는지를 물은 후, 세 번째로 동료의 업적에 기반해서 본인이 이룬 업적을 제시하도록 했다. 동료와의 협업 없이 좋은 평가를 받을 수 없는 조직문화를 만들어 '사일로 현상'을 타파한 것이다.

마이크로소프트는 이와 같이 서로 도움을 주고받는 관계를 통해 협업을 이끌었다. 협업은 수평적 관계에서 시작된다. 상사와 부하 간에도 일을 나누고, 협업하도록 해야 한다. 상하관계는 지시와 명령에 기반한 분업적 가치다. 하지만 서로 지원하는 관계라면 협업이 가능하다. 1등을 불러 꼴찌 옆에 앉히기보다는 각자의 특기가 있고, 성품이 서로 달라도 벌집 같은 결집력을 가지도록 자리를 배치한다면 협업은 더욱 좋은 도구가 될 수 있다.

대학을 졸업할 때까지 경쟁은 충분히 했다.

유치원에 들어가기 전부터 시작된 경쟁은 내가 원해서 시작된 것이 아니었다. 자녀 수가 줄면서 부모들의 관심과 기대는 높아졌다. 비교는 일상화되고, 곳곳에서 '엄친아'가 나를 괴롭혔다. 좋은 고등학교를 가기 위해, 그 후에도 좋은 대학, 좋은 직장에 들어가기 위해 15년가량을 경쟁했으니 자신도 모르게 경쟁의 달인이 되었는지도 모르겠다.

그래도 출근해서 동료나 선배들에게 도와줄 것은 없는지 묻는 것으로 하루를 시작해 보자. 경쟁에서 살아남아 같이 일하게 된 사람들에게 먼저 손을 내미는 것은 결국 나 자신을 위한 투자가 될 것이다.

같은 목표를 가지고 공감하며, 각자의 재능을 충분히 발휘하도록 하면
각자의 역할이 있을 뿐 1등과 꼴찌는 없다.

## 협업팀 만들기

불평등하고 위계적인 환경에서는 지시와 명령만 있을 뿐 자발적 소통은 없다. 이런 환경에서 이루어지는 협업은 시늉에 불과할 뿐이다. 1등이 꼴찌의 업무 수행 결과를 멸시하고, 꼴찌가 1등의 성과를 질투하는 상황에서 둘을 팀으로 묶어 놓으면 둘 다 망하는 지름길이다. 협업팀에서 짝은 성과의 높낮이를 기준으로 해서는 안 된다.

## ✕ 실패 사례

그룹사 내에서 영업이익으로 이자도 못 내는 꼴찌 기업을 1등 기업에 붙여서 회생하려는 시도를 하곤 한다. 가령, 삼성 그룹 내에서 가장 우수한 성적을 내고 있는 삼성전(前)자 임원을 계열사 꼴찌인 삼성후(後)자로 보내 1등의 비책을 전수하려는 시도를 하는 것이다. 그러나 성공적이었다는 이야기를 듣지 못했다. D그룹은 삼성전자 임원을 스카우트하여 삼성의 DNA를 접목하려는 시도를 꾸준히 해왔다. 1등을 불러 꼴찌 옆에 앉힌 것과 크게 다르지 않았다.

## ✓ 성공 사례

오클랜드 애슬래틱스에서 단장으로 재직한 빌리 빈은 메이저리그 최하위였던 팀을 다섯 번이나 포스트 시즌에 진출시킨 명장이었다. 그는 명성과 연봉으로 선수를 선발하던 관행을 과감하게 깨고, 오로지 경기 데이터로만 선수를 평가하고 선발해 적은 비용으로 최대 효과를 거두었다. '머니볼 이론'이다. 이런 선수 구성으로 그는 140년 메이저리그 역사상 최초로 20연승이라는 이변이자 혁신을 만들어 냈다. 그 후 머니볼은 철저하게 분석한 경기 데이터를 기반으로 적재적소에 선수들을 배치해 승률을 높이는 게임 이론으로 자리 잡았다.

# 02. 전문 경영인 vs. 오너 경영인

대기업에서는 정년퇴직을 하기까지 오너 경영인을 한 번도 보지 못하는 경우도 많다. 포스코(POSCO)에서 전문 경영인과 일을 잘 하다가 현대제철에 스카우트된 사람이 있다. 그런 그가 오너 경영인과 일하면서 적응을 하기 어려워하고 있다.

모회사에서 그룹 계열사인 K사에 전문 경영인을 임명한다. 전문 경영인은 임명장을 받은 후, 기본적인 회사 상황을 파악한다. 그리고 오너 경영인에게 어떻게 회사를 이끌고, 무엇을 이루겠다고 보고한다. 그 결과, 합의된 경영 목표를 갖게 된다. 임기 중에 목표를 달성하기 위한 경영 활동을 시작한다.

전문 경영인은 승인된 경영 목표를 중도에 바꾸지 않는다.

전문 경영인은 매출을 더 올릴 수 있어도 목표를 바꾸지 않는다. 기술개발 일정이 앞당겨질 것 같아도 변경하지 않는다. 초과 달성할 수 있는 기회를 버릴 이유가 없기 때문이다. 전문 경영인에게는 달성 가능할 정도의 목표를 수립하는 것이 매우 중요하다. 그러기 위해서는 오너 경영인의 이해를 돕고, 잘 납득시켜야 한다.

이렇게 승인된 사항을 전문 경영인은 중간에 바꾸지 않는다. 목표에 미달할 경우에도 목표를 낮추자는 보고를 하지 않는다. 자리를 내놓을 각오라면 할 수 있을 것이다. 오너 경영인을 모시는 직원 입장에서 목표 달성을 위한 노력만 하면 된다. 요즘은 특별한 사유가 없다면 오너 경영인이 1년에 한 번 평가하니 유효기간이 대략 1년이라고 할 수 있다.

오너 경영인으로부터 임명장을 받은 전문 경영인은 정해진 시간 속에서 산다.
비전도 있고 중장기 계획도 있지만, 올해의 실적을 가장 중요하게 생각한다.

오너 경영인의 첫 번째 성공 요인은 변덕이다.

전문 경영인이 오너 경영인에게 보고할 때는 거의 모든 요소를 준비해야 한다. 어떤 질문이 나와도 답변을 해야 한다. 오너 경영인이 불확실한 정보를 바탕으로 불완전한 검토를 했다고 인식하는 순간, 그 자리에서 내려와야 된다. 그러므로 준비 기간이 길 수밖에 없다.

반면에 오너 경영인은 자신이 판단하고 결정하기 때문에 불확실한 정보로 불완전한 결정을 한다. 세상일이 모두 그렇듯 100% 확실한 정보나 완전한 검토는 없기 때문이다. 오히려 일을 시작하면서 확실성이 점차 커진다. 완전성도 점점 높아진다. 처음 결정을 지킬 이유가 없어진다. 아침에 결정했지만 점심 먹는 사이에 정보가 하나 더 들어왔다. 바로 변경하도록 지시한다.

아랫사람은 죽을 맛이다. 아침에 결정한 사항을 오후에 바꾸고, 오후에 바꾼 사항을 저녁에 전화로 또 바꾼다. 이런 변덕은 수정과 보완이 이루어지기 때문에 성공의 제1 요소로 작용한다. 전문 경영인은 이렇게 못한다. 오너 경영인에게 자신의 실수를 자인하는 꼴이 되기 때문이다.

오너 경영인이 시시콜콜 전문 경영인에게 조언하는 것은 협업이 아니라 간섭이다.

오너 경영인이 결정한 것은 거칠 것이 없다. 즉시, 빨리빨리 진행된다. 그 사이에 수정하고 보완해 나간다. 현대제철은 당진에 제철소를 건설하면서 포스코 출신을 많이 영입했다. 포스코와 현대제철의 문화 사이에 많은 충돌이 있었다. 포스코 출신들은 과거에 전문 경영인과 일했다. 그들은 준비를 철저히 해서 정해진 대로 돌격하는 스타일이었다.

반면에 현대제철은 오너 경영인의 스타일이었다. 준비 기간이 짧고, 우선 삽부터 들었다. 그것도 빨리빨리 했다. 당연히 중간에 실수가 있고, 시행착오도 발생했다. 그 대신 수정과 보완도 잘 했다. 의심도 성공 요인이었다. 누구나 실수를 하기 때문에 보정할 준비를 미리했다. 중요한 사항은 여러 경로로 확인하고, 진행 상황을 파악해 필요한 조치를 취했다. 오너 경영인과 같이 일할 때 생각해야 할 부분이다.

## 나를 힘들게 하는 상사, 관리할 도구가 필요하다.

전문 경영인이 오너 경영인을 모시는 무게만큼 힘든 것이 팀원이팀장을, 팀장이 본부장을, 즉 상사를 모시는 것이다. 성실하게 일하고 충성을 다하는 것만으로는 해결되지 않는다. 대체로 상사들은 이상하게도 중도적이지 않고, 어느 정도 극단적인 측면이 있다. 두루뭉술 방관하거나 지나치게 간섭적이다.

물어보면 "그런 것도 물어보고 하느냐"라고 하고, 안 묻고 실행하면 "네 마음대로 하느냐"고 말한다. 어느 장단에 맞춰야 할지 헤매다가 보면 에너지가 고갈된다. 이런 경우, 최선의 방법은 상사의 스타일을 파악하고 맞추는 것이다. 이럴 때 막연히 하는 것보다는 방법론과도구가 있으면 좀 더 쉬울 것이다.

두리뭉술한 상사에게는 캐물어야 한다. 이런 상사는 방치에 가깝게별말이 없거나 간접적으로 말하기를 좋아한다. 막바지가 되어서야 폭탄 같은 질책을 하여 당황스럽게 만든다. 이런 상사에게는 무엇을 해야 할지, 어디까지 기대하는지 물어야 한다. 좀 더 잦은 의사소통이 필요하고, 적극적으로 피드백을 달라고 해야 한다. 간섭이 너무 많은 상사에게는 하는 일을 투명하게 보여주고, 코멘트를 자유롭게 달라고 요청하며, 조언에 따라 일이 잘 진행되고 있음을 보여줄 필요가 있다. 피터 드러커는 이런 말을 했다.

"상사를 좋아하거나 존경하거나 미워할 필요가 없다. 다만 그를 적절하게 관리해서 상사가 당신의 성과, 목표, 성공에 도움이 되게 할 필요가 있다."

### 협업팀 만들기

전문 경영인과의 협업에서는 일관성 있는 추진이 중요하다. 오너 경영인과의 협업에서는 성공 방향으로 그의 변덕을 이끌고, 빠른 처리에 따른 부작용을 최소화하는 것이 중요하다. 또한 맡긴 일을 감시하고 판단할 경우, 감정이 상하지 않도록 정신력을 갖추는 것도 필요하다.

### ✕ 실패 사례

섬유유연제 업계 P사의 전문 경영인은 명함을 건네면 6개월 뒤에 받겠다고 말한다. 그만큼 자주 바뀐다는 이야기다. 전문 경영인을 임용하는 것은 협업 계약을 맺는 것과 같다. 오너 경영인의 변덕에 따른 해고는 계약 위반이며, 경영 안정성을 크게 훼손한다. 업계 1위를 달리던 P사는 시장점유율이 50% 수준에서 지금은 20% 정도로 하락했다. 매출도 급감해 2010년 1,532억 원에서 2019년 824억 원으로 추락했다.

## ✓ 성공 사례

LG전자의 전문 경영인은 1년에 한 번 고 구본무 회장과 공감회의 (Consensus Meeting; CM)를 가졌다고 한다. 지난 1년의 성과와 다음 1년의 계획을 서로 공감하기 위해서였다고 한다. 공감하지 못하면 전문 경영인은 구 회장과 협업이 되지 않았다는 뜻이기에 다른 일을 찾아야 했다고 한다. 하지만 LG전자의 전문 경영인은 특별한 사유가 없는 한 1년간 자신의 실력을 충분히 발휘할 기회를 가졌다고 한다.

전문 경영인은 계약직이다. 공감회의가 끝나고 구 회장이 같이 식사를 하자고 하면 계약이 연장되는 것이고, "다들 바쁘실 텐데…" 하면서 자리를 피하면 계약이 연장되지 않는 경우였다고 한다. LG전자의 공감회의는 형태와 명칭은 다르지만 많은 그룹사에 영향을 미쳤고, 그 결과 국내 대기업의 전문 경영인 인사는 1년에 한 번 하는 것이 보편화되었다.

# 03. 아는 사람 vs. 모르는 사람

　소셜 네트워크 서비스(SNS)의 원조는 우리나라다. '아이러브스쿨 (www. iloveschool. com)'은 1999년 개설되어 1년 만에 가입자가 500만 명에 이를 정도로 큰 성공을 거두었다. 하지만 우여곡절을 겪은 후 2005년 쯤 거의 소멸 단계로 들어갔다. 그즈음 '페이스북(www. facebook. com)'이 학교를 중심으로 확산되기 시작했다. 페이스북은 2021년 현재, 전 세계적으로 약 21억 명이 사용하고 있다. 연간 매출은 1,179억 달러에 달한다.

　인터넷 속도가 지금보다 훨씬 느리고 기능이 시원찮았음에도 불구하고 '아이러브스쿨'이 처음 등장했을 때 사람들은 열광했다. 많은 사람들이 오랫동안 못 만났던 동창을 온라인에서 찾고, 오프라인 만남으로 이어지게 되었다. 하지만 동창을 찾는다는 측면에서 보았을 때, 아이러브스쿨은 태생적으로 우리나라에서만 성공할 수 있는 모델이었다. 폐쇄형 네트워크였기 때문이다. 단순히 어린 시절을 같이 했다는 사실은 오랫동안 관계를 지속하는 데 그다지 촉매제로 작용하지 못했다.

학생 시절에는 아는 사람들과 하루를 보낸다. 졸업 후에는 모르는 사람들과 지내야 한다.

아는 사람들이기에 '당연한' 것이 너무 많다.

동창 혹은 동문이라는 용어는 우리나라와 일본 정도에서나 쓰는 말이다. 미국은 졸업생이라는 단어가 있지만 같이 다녔다는(went to school together) 정도의 의미다. 아이러브스쿨은 동창에 한정된 온라인 네트워크로 갈수록 피곤함을 주는 대상이 되었다. 덕분에 반가운 친구도 만났지만, 반갑지 않은 친구도 접하게 되었다. 계속 올라오는 게시물에 답하는 것도 부담이었다. 몇 번의 오프라인 모임은 추억을 되살려 주었지만, 지속된 만남은 점차 부담을 주었다. 자연스레 오프라인 모임이 줄어들면서 사이트 접속도 안 하게 되었다.

빅데이터 분석에 따르면, 인터넷에서 '송년회'를 언급하는 횟수가 2014년 7만여 건에서 2019년 3만여 건으로 줄었다고 한다. 이는 사람과의 관계를 부담스러워 하는 추세를 반영한다. 코로나19로 오프라인 모임이 줄어든 2년 동안 온라인 모임이 활성화되었을 거라고 예상했지만, 네이버 밴드와 카카오 단톡방의 참여율은 올라가지 않은 것으로 확인되었다.

블라인드 면접으로 실력 있는 인재를 찾아내는 것처럼 협업할 인재도 그렇게 찾아야 한다.

아는 사람과 하는 일은 알고 있는 만큼만 나온다.

'페이스북' 역시 학교를 중심으로 시작되었다. 하지만 아이러브스쿨과는 달리 모르는 사람과의 관계가 넓어지는 구조를 지니고 있다. 미국 사회는 상대적으로 우리만큼 동창을 중요하게 여기지 않는다. 그렇다 보니 페이스북은 취미나 공통 관심사 위주로 온라인 친구를 새로 만드는 것이 주된 활동이다.

반면에 아이러브스쿨은 예전에 알던 사람을 찾기 위한 사이트였다. 우리가 학교를 통해 알아가는 사람은 수십 명에서 아무리 많아도 수백 명에 불과하지만, 학교 밖에서 알아가는 숫자는 수천 명이다. 아이러브스쿨이 절대 페이스북이 될 수 없는 이유다.

현재 대학교에서는 교수를 뽑을 때 일정 비율을 타 대학 출신으로 채용하고 있다. 잘 아는 사람끼리 모아 놓으면 학문이 퇴보하기 때문이다. 여럿이 같이 하는 협업에 모르는 사람이 포함되어야 하는 이유와 같다고 하겠다.

팀원을 사적으로 알려고 하지 마라.

본부장급 이상 세대는 고등학교 동창을 가장 중요한 친구로 꼽는다. 가장 순수한 시절에 알게 되었고, 어떤 이익이나 목적을 가지고 만나지 않았기 때문이다. 원주에서 오랜 기간 후학을 가르친 Y교수님은 연구실 제자들을 아들, 딸로 부른다. 지식을 전달하는 교수보다는 아버지와 같은 사람이 되고 싶은 순수한 마음 때문이다. 그러나 익명과 가벼운 관계를 선호하는 MZ세대는 이에 대해 부담감을 느낀다. 신입 직원과 사적으로 인연을 맺기 위해 다가서는 것은 그들과 멀어지는 빠른 방법일 뿐이다.

## 협업팀 만들기

모르는 사람과 어떤 일을 협업해서 시작하기란 현실적으로 매우 어렵다. 결국 아는 사람과 할 수밖에 없는데, 이때에는 먼저 기본 규칙(Ground Rule)을 잘 설정해야 한다. 깨지고 나면 당연히 그 친구가 했어야 하는 것 아니냐는 말이 반드시 나온다. 기본 규칙에 없는 사항은 매번 새로 정해야 한다. 그 친구가 해주겠거니 하는 생각이 드는 순간이 바로 실패의 시작점이다.

## ✕ 실패 사례

해충 박멸로 유명한 C사는 오랫동안 이력서에 본적을 쓰게 했다. 부모의 고향도 물었다. 지역별 고객을 만족시키기 위해 임직원의 출신 지역을 골고루 분포시켜 협업이 잘 되게 하기 위함이라고 교묘히 포장했다. 중요한 직무는 공개 채용보다는 비공개 헤드헌팅을 선호했다. 채용 후보를 충분히 알아야겠다는 취지는 나쁘지 않으며, 필요한 부분이기도 하다. 그러나 결과가 성공적이지 않았음은 높은 이직률로 확인할 수 있다.

## ✓ 성공 사례

LG전자의 구본무 회장이 전문 경영인인 부회장에게 일을 잘 하는 직원의 출신 대학을 물었다. 부회장은 출신 대학을 알아야 하느냐고 반문했다. 삼성전자는 출신 대학별, 지역별 모임을 암묵적으로 엄격히 제한한다. 협업에 나쁜 영향을 미치기 때문이다. 세계 클래식 음악계는 서양의 전유물이었고, 그것도 백인과 남성 위주의 무대였다. 블라인드 오디션으로 선발하기 시작하자 많은 여성과 아시아를 비롯한 유색 인종에게 무대에 설 기회가 주어졌다.

# 04. 깜찍이 소다와 애쎄

이명박 전 대통령에 관한 대표적인 유머 중 하나가 "내가 해봐서 아는데…"이다. 그는 안 해본 것이 없었다. 4대강 사업, 자원외교 등 해봐서 아는 여러 일들을 그렇게 했다.

가느다란 담배 '애쎄'는 1996년 11월에 출시되어 20여 년간 애연가들의 사랑을 받아온 베스트셀러이자 스테디셀러다. 하지만 애쎄가 처음부터 잘 팔렸던 것은 아니다. 출시 후 수년 동안 저조한 판매량을 기록해 단종을 고민했던 제품이었다. 그런데 언젠가부터 마케팅 부서도 알 수 없는 이유로 판매가 급증하기 시작했다.

애쎄는 원래 여성용으로 기획한 제품이었다. 두께가 기존 담배보다 절반 정도로 날렵하게 생긴, 한마디로 예쁜 담배였다. 판매가 저조한 이유는 타깃층인 여성들이 애쎄를 선호하지 않았기 때문이다. 여성 흡연율이 줄어서 그런 게 아닌가 하고 생각할 수도 있겠지만, 흡연율은 큰 변화가 없었다. 문제는 잘못된 마케팅 조사 때문이었다. 여성 흡연자에 대한 조사와 연구가 미흡했던 것이다. 상품을 기획할 때 여성 흡연자가 참여하지 않았거나 그들의 의견이 수용되지 않았던 것이다.

찾아야 할 협업 인력은 항상 현장에 있다.

## 선입견은 남성과 여성, 연령을 가리지 않는다.

여성 흡연자는 예쁜 애쎄보다 투박하고 남성적인 이미지의 말보로를 선택하는 경향이 있었다. 여성이니까 담배도 여성스러운 것을 선택할 것이라는 편견과 선입관이 작용한 것이다. 흡연하는 여성이 상품 기획팀에 포함되어 있었다면 즉시 알 수 있었을 텐데, 가장 중요한 정보를 놓친 것이다. 그러던 어느 날 애쎄의 판매량이 갑자기 증가하기 시작했다. 도대체 누가 구매했을까?

40대 남성 직장인들이 애쎄를 선택했다. 40대에 접어들어 건강을 관리해야 하는데, 담배는 못 끊겠고 최소한 줄여야겠다고 생각했을 때 눈에 들어온 담배가 애쎄였다. 크기가 절반이니 흡연량을 50% 줄일 수 있다고 위안을 삼은 것이다. 겨울보다 여름에 더 잘 팔렸다. 얇아서 와이셔츠 주머니에 안성맞춤이었기 때문이다. 하지만 실제로 흡연량이 줄어들지는 않았다. 더 깊이 빨아들이고, 끝까지 피웠기 때문이다. 흡연은 니코틴 중독으로 필요한 양만큼 피우기 때문이었다.

참견할수록 창의성은 줄어든다.

1997년 히트 상품인 '깜찍이 소다'는 어린이를 목표 고객으로 한 청량 음료수였다. 이름이나 용기 모양도 아이들 느낌이고, 음료 색깔도 파란색부터 빨간색까지 다양했다. 타 제품에서 볼 수 없던 이름, 용기, 색깔을 사용한 것이다. 깜찍이 소다를 기획할 때는 근처에 20대도 얼씬 못하게 했다고 한다. 오로지 10대의, 10대에 의한, 10대를 위한 음료수로 개발해 히트 상품이 되었던 것이다. 이 제품 개발팀에 사오십대가 참여해 의사결정에 영향을 주었다면, 이 히트 상품은 나올 수 없었을 것이다. 그들은 파란색 음료를 먹어보지 못한 세대였기 때문이다.

간식거리는 먹을 사람이 선택해야 하고, 협업 팀원은 소속 팀원이 선발해야 한다.

협업을 위해 여러 사람을 모아 놓으면 "그건 예전에 해봤는데 안 되더라" 하는 팀원이 있기 마련이다. 예전에 안 되었다고 해서 지금도 안 될 이유는 없다. 사람이 바뀌었고, 환경과 방법이 변화했기 때문이다. 반대로 예전에 잘 되었다고 해서 지금도 잘 될 이유 또한 없다. 깜찍이 소다도 영원히 잘 팔릴 것이라고 생각했지만, 세월이 흘러 아이들의 입맛이 바뀌자 판매량이 줄어 결국 단종되고 말았다.


끨 때 끼고 빠질 때 빠져라.


　협업의 성공 요소 중 하나는 그 일에 참여해야 할 사람은 포함하고, 빠져야 할 사람은 제외해야 한다는 것이다. MZ세대는 이를 '끼끼빠빠'라고 표현한다. '낄 때 끼고 빠질 때 빠지라'는 것의 준말로 눈치껏 행동하라는 의미가 담겨 있다.

　부서 내 최고 직급인 본부장의 경우, 산전수전 겪다 보니 해본 것도 많고 아는 것도 많다. 하지만 그가 언제나 끼어들 수 있다고 생각한다면, 부하 직원들은 입을 다물기 시작할 것이다. 부족한 부분을 발견했다면 회사 내 전문가를 참여시키거나 외부 전문가를 초빙할 수 있도록 지원하면 된다. 많은 기업들이 외부의 도움을 필요로 하지만, 유료로 초빙하는 것은 거의 이루어지지 않는다. 회식 때 법인카드를 주고 일찍 떠나는 것이 본부장의 역할인 것처럼, 이런 경우 직원들이 필요한 비용을 사용할 수 있도록 지원해 주는 것이 이치다.


### 협업팀 만들기

　다양한 경험은 꼭 필요하다. 한 번의 개별적인 경험이 모든 것을 대변할 수는 없다. 예전에 이미 했던 것을 그대로 하려고 협업팀을 구성하는 것이 아니다. 새로운 시각과 과거가 아닌 미래를 위한 경험에 초점을 맞춰야 한다.

## ✕ 실패 사례

'애플'의' 아이폰'은 과거에 모토로라, 노키아, 마이크로소프트가 이미 해보고, 구현한 것들이었다. '스티브 잡스'는 그들이 구현해 놓은 결과물을 조합해서 새로운 쓰임새와 경험으로 만들어 냈다. 스티브 잡스 홀로 직접 만든 것은 없었다. 그가 한 것은 팀이 협업하도록 만든 것뿐이었다. 그의 성공은 반대로 타 기업들에게는 처절한 실패 사례가 되었다. 누구도 쫓아가지 못했던 공룡 같은 기업 3개가 스마트폰 시장에서 사라졌다.

## ✓ 성공 사례

과거에 배달은 해당 음식점에서 시켜야 하고, 직접 거래만 가능했다. '배달의 민족'은 오늘을 사는 사람과 환경의 변화 속에서 경험을 새롭게 해석했다. 마트에서 물건을 사면 배달을 해주듯, 먹는 것은 무엇이든 배달해 주는 시스템을 만들었다. 그 결과, 매출이 2017년 1,626억 원에서 2020년 1조 1,000억 원가량으로 급속히 성장했다. 월간 주문 건수도 2014년 300만 건에서 2019년 2,900만 건으로 세 배가량 성장했다.

그뿐만이 아니다. 사람들이 비오는 날이나 추운 날에는 무엇을 먹는지, 강북과 강남에서는 무엇을 먹는지 모두 알게 되었다. 배달의 민족과 음식점의 체계적인 협업 결과다. 최근에는 배달의 민족 측이 과도한 이익을 가져간다는 점이 지적되면서 극복 과제로 떠올랐다. 배달의 민족은 2019년 12월, 독일의 딜리버리히어로에 약 4조 7,500억 원에 매각되었다.

# 05. 짬짜면 vs. 양념반/후라이드반

짬뽕과 짜장면 사이에서 고민하는 사람들을 위해 짬짜면이 나와 한때 큰 사랑을 받았다. 하지만 요즘은 중국집 메뉴에서 찾아보기가 쉽지 않다. 반면에 양념 반/후라이드 반은 여전히 인기다.

중국집에서 가장 보편적인 먹거리라면 짜장면, 짬뽕, 볶음밥, 탕수육을 들 수 있다. 하지만 짬짜면이 유행하면서 볶짬, 볶짜, 탕짜, 탕짬, 볶탕과 같은 반반 메뉴 음식들이 나왔다. 전용 그릇까지 등장했다. 심지어 짬짜면에 탕수육을 추가한 메뉴도 나왔다. 중국집의 이런 고민은 물냉면과 비빔냉면 사이에서도 생긴다.

그런데 유행(Fashion)과 트렌드(Trend)의 차이 때문일까? 짬짜면은 유행처럼 금세 시들해졌다. 반면에 양념 반/후라이드 반은 여전히 효과적인 선택으로 작동하고 있으니 트렌드라고 할 수 있겠다.

짬짜면은 개인의 선택이다.

짬짜면은 개인이 둘 중 '어느 것을 먹을까?'에 대한 고민의 답이다.

처음에는 먹을 만했지만 차차 만족스럽지 못함을 느낀다. 짜장면으로도 모자라고, 짬뽕으로도 모자란다. 짜장면을 먹으면서 짬뽕 몇 젓가락을 맛보는 것은 괜찮았는데, 막상 반반씩 나오니 이것도 저것도 아니다. 그렇다 보니 짬짜면은 여전히 선택은 가능하지만, 많은 중국집 메뉴에서 점차 사라지고 있다.

두 가지를 맛볼 수 있지만 만족스러운 식사는 아니다. 협업은 맛만 보는 것이 아니다.

양념 반/후라이드 반은 우리의 선택이다.

닭을 요리하는 여러 방법 중 기름으로 튀긴 것을 '치킨'이라고 한다. 미국인이 들으면 정말 헷갈릴 것이다. 닭과 치킨이 다른 음식이라니! 탕수육의 세계에는 소스를 부어 먹는 '부먹파'와 찍어 먹는 '찍먹파'가 존재한다. 치킨의 세계에는 '후라이드파'와 '양념파'가 있다. 이 둘의 기싸움은 치열하다. 이 싸움을 말리는 방법으로 '반반'이 등장한다. 양념 반/후라이드 반은 여럿이 함께 먹을 때 선택할 수 있는 훌륭한 대안이다. 보통 1,000원이 더 비싸도 충분한 값어치를 한다. 유행에 넘어 트렌드가 된 이유다.

협업이라는 식탁에는 내가 싫어하는 음식이 반찬으로 나온다.

　나를 위한다면 혼자서 하기나 내가를 치르고 지원을 받으면 된다.
책을 출판할 때 자기 비용으로 하면 자신의 이야기를 마음껏 할 수 있
다. 짬짜면과 탕수육, 부먹과 찍먹의 선택은 개인의 자유다. 반면에
출판사와 공동으로 출판하면 서로의 의견이 분분해진다. 이것저것 섞
는 상황이 된다. 나를 위한 것과 우리를 위한 것은 곧 드러나게 되어
있다. 우리를 위한 저자 반/출판사 반의 협업이 필요하다.

　원칙을 준수하는 경영으로 튼튼한 강소기업을 만든 H&P소프트의
H사장. 직원들은 그를 모시기 어렵다고 하지만, 명확한 원칙이 있기
때문에 오히려 쉬울 수도 있다. H사장은 영업 담당자에게 고객 방문
을 위한 교통카드를 지급하고 있다. 교통카드로는 버스와 지하철만
탈 수 있다. 원칙에서 벗어나기 때문에 편의점에서 물건을 사거나 택
시비로 사용할 수는 없다. 원거리 출장의 경우, 교통카드로 갈 수 있
는 곳까지 간 후 고객에게 픽업을 요청해야 한다. 수도권을 벗어난 지
역은 출장비를 받아서 방문하거나 자비를 써야 한다.

처음에는 뭐 이런 경우가 있냐고 생각하겠지만, 영업 담당자도 교통카드가 안 되는 지역은 안 간다는 원칙을 따르면 마음이 편할 수 있다. 영업 담당자 입장에서는 방문만 하면 수주가 될 상황인데, 교통비 때문에 못 간다면 안타까울 것이다. 그런 경우라면 H사장도 내심 다녀오길 바랄 것이다.

이럴 때는 조용히 H사장에게 예외로 교통비 지급을 요청하는 것이 최선이다. H사장은 이러한 요청이 영업 담당자 자신을 위한 것인지 회사를 위한 것인지 판단한 후, 지급 여부를 결정할 것이다. 나를 위한 짬짜면이라면 "원칙을 지키라"는 핀잔을 할 것이고, 회사를 위한 양념 반/후라이드 반이라면 교통비를 지급할 것이다.

## 개인을 위한 일인지 우리를 위한 일인지 가려내자.

회사에 출근해 여러 가지 일을 하지만, 어떤 일은 오로지 나만을 위한 일일 수도 있다. 포항제철소는 여의도 면적보다 넓다. 제철소 내는 편의 시설이 멀리 떨어져 있다. 현금을 찾으려면 자동차를 타고 ATM이 있는 곳까지 이동해야 할 정도다. 그래서 월급날에 10만 원은 현금으로 지급하는 전통이 있었다.

그런데 총무 담당자가 이를 없애자는 업무개선 제안을 올려 채택되었다. 그에게는 불필요한 업무가 없어져 '개선'이 되었겠지만, 그로 인해 나머지 직원들을 '불편함'을 느끼게 되었다. 물론 지금은 현금 없이 거래도 하고 물품도 구매할 수 있기에 자연스레 없어졌을 관행이었다. 이처럼 회사 일은 대체로 회사 전체에 기여하지만, 때로는 특정 부서나 특정 집단이나 개인에게만 이득이 되는 일도 있다.

좋은 것은 좋은 것이고, 나쁜 것은 나쁜 것이다. 이 말은 기성세대
가 말하는 "좋은 게 좋은 거다"와는 완전히 다르다. 얼어 죽어도 아이
스 아메리카노를 마시는 MZ세대는 이것도 저것도 아닌 미지근한 상
태를 견디지 못한다. 가령, 본부장이 어떤 이슈를 찾아내 여러 이해
관계자와 공유하고 협업할 수 있도록 장을 마련해주면 최선의 방법을
찾아내는 것이 요즘 직원들이다. 사내 그룹웨어나 협업 툴에 올라온
이슈에 대해서 '좋아요'가 많다는 것은 공감을 한다는 의미다. 이러한
공감은 우리를 위한 것에서 비롯된다. 반면에 '좋아요'가 적다면, 우
리보다는 나를 위한 것일 수 있다.

## 협업팀 만들기

일시적인 현상인지 지속되는 현상인지를 살펴야 한다. 문제를 해결할
때 특정인에게만 편중된다면 아무리 훌륭한 해결책이라도 문제는 계속된
다. 피자를 나눠 먹을 때, 나눈 사람이 선택까지 하면 불만을 갖는 사람이
반드시 생긴다. 협업팀의 구성은 나눈 사람과 선택하는 사람을 분리해서
둘 다 불만이 없도록 해야 한다.

### ✕ 실패 사례

이명박 전 대통령의 짬짜면은 고(고려대)−소(소망교회)−영(영남)으
로 나타났다. 박근혜 전 대통령은 수첩이라는 짬짜면 전용 그릇에 담긴
인사로 청와대와 내각을 구성했다. 사람이 아무리 많아도 대통령의 생각
하나만 존재했던 시절로, 다양한 형태의 협업이 전무했다.

## ✓ 성공 사례

2015년에 캐나다의 '저스틴 트뤼도' 총리가 주니어 반/시니어 반, 여성 반/남성 반으로 만든 조화로운 협업 내각은 매우 성공적이었다. 그 내각은 남녀 비율이 5:5에 30대부터 60대까지 다양한 연령대로 이루어졌다. 다양한 출신 배경을 지닌 정치 신인을 과감하게 발탁함과 동시에 거물급 전직 각료들을 곳곳에 배치한 결과였다.

# 06. 바둑 5급 10명 vs. 바둑 1급 1명

바둑에서는 5급 열 명이 힘을 합해도 1급 한 명을 이길 수 없다. 우수 인력을 뽑을 때 종종 비유되는 말이다. 1급과 5급으로 구성된 팀에서 구성원들은 이기고 지는 경쟁자가 아니라 같이 일할 사람들이다.

중견 기업이나 중소기업에서는 팀장의 역할이 대기업과 다르다. 대기업은 우수한 인력이 입사하려고 줄을 서지만, 중견 기업만 해도 우수 인력을 뽑기가 하늘의 별 따기다. 대기업에서는 1급부터 5급까지 다양한 인력이 팀으로 구성된다. 반면에 중견 기업 이하에서는 5급 수준의 많은 팀원과 이들을 이끄는 1급 수준의 팀장으로 구성된 경우가 많다.

이들 기업은 우수한 신입 사원의 지원도 적고, 급여도 대기업 수준으로 올릴 수 없기에 우수 인력을 기대할 수가 없다. 이런 상황에서는 적정한 대우를 통해 1급 수준의 팀장을 채용하는 것이 최선의 방법일 수 있다. 1급 한 명이 5급 열 명을 이기듯, 한 명의 팀장이 그 팀의 레벨을 올려 주기를 기대하는 것이다.

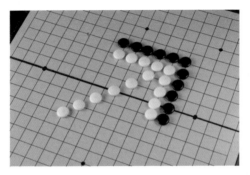

혼자 하는 단식 탁구, 테니스, 배드민턴에서 우승한 사람이
둘이 하는 복식에서도 우승하는 것은 아니다.

## 팀장과 팀원은 이기고 지는 관계가 아니다.

우수한 팀장은 모든 면에서 팀원을 압도할 수 있다. 실력이든, 성실
함이든, 열정이든 그 어떤 것이라도 말이다. 파워포인트와 엑셀을 가
장 잘 쓰는 것은 물론이며, 가장 먼저 출근하고 가장 늦게 퇴근한다.
목표를 세우고 추진하는 열정도 가장 앞선다.

팀원에게는 그 정도를 기대하기가 힘들다. 실력이 팀장보다 모자라
는 것은 물론이고, 급여가 적은 만큼 초과 근무도 하지 않으려고 한
다. 미래가 불투명한 상태에서 사실상 목표도 없다.

## 팀장과 팀원이 한 번씩 돌을 올려놓는다.

이런 상황에서 1급 팀장과 5급 팀원은 대결을 해야 하는 것일까?
아니다. 1급 팀장과 5급 팀원은 바둑판에 차례대로 한 번씩 돌을 올

려놓는 협력자다. 상대는 경쟁사다. 보고할 때는 사장이 상대다.

1급은 5급이 이해할 수 있는 수로 바둑을 두어야 한다. 1급이 묘수를 두어도 5급이 이해를 못한다면 다음 수는 악수(惡手)가 된다. 반대로 5급은 엉뚱한 수를 두어서 판을 깨면 안 된다. 상대방이 응수해야하는 선수(先手)를 두어서 1급이 좋은 수를 둘 수 있도록 기회를 만들어 주어야 한다. 팀장은 본인이 하고 싶은 일을 팀원들에게 충분히설명하고 이해시켜야 한다. 팀원들은 실수 없이 주어진 일을 잘 끝내야 한다. 이 과정에서 서로를 이해하고 지원하는 관계를 만들어야한다.

팀장과 팀원은 서로를 일으켜 주는 협업 관계다.

채용을 위한 면접도 다수의 면접관이 있다는 점에서 협업이라고 할수 있다. 몇 가지 질문과 답변만으로도 1급은 실력을 금방 알 수가 있다. 하지만 5급을 이끌 리더십을 알아보기는 쉽지 않다. 그렇다면 팀장을 채용할 때 팀원들을 면접관으로 참여시키는 것은 어떨까? 오히려 그것이 도움이 되지 않을까?

'일을 줄여 주는가' 여부가 '꼰대'와 '고수'를 가른다.

회사에는 숨은 고수들이 많다. 하지만 고수라는 것이 밝혀지면 심신이 피곤해진다. 동료, 선배, 후배들이 도움을 요청하기 때문이다. 영어 문서를 모두 검수해 줄 각오가 아니라면 뛰어난 영어 실력을 감추는 게 정시 퇴근을 보장할 수 있다.

반면에 꼰대는 참견할 때마다 나의 일이 늘어나고, 정신은 피폐해진다. MZ세대도 곧 나이를 먹고 후배가 생긴다. 내 일을 줄이고 동료에게 얹어 주면 오늘 저녁은 편할 수 있다. 하지만 내일부터는 주위에서 젊은 꼰대로 볼 수 있다. 회사와 동료에게 얼마나 많은 기여를 하고 있는지 모를 것 같지만, 모두가 알고 있다.

### 협업팀 만들기

대기업의 부팀장급을 중견 기업에서 팀장으로, 대기업의 팀장급을 중견 기업에서 임원으로 채용하는 경우가 많다. 대기업에서 길러진 1급 실력을 활용하기 위함이다. 하지만 삼성 출신이 중견 기업에서 성공적으로 정착하기 쉽지 않다는 것이 업계의 정설이다. 따라서 삼성의 성공 DNA는 가지고 오되, 중견 기업의 열악한 환경에서 다시 탄생하는 고통이 있음을 미리 인지하고 준비해야 할 것이다.

### × 실패 사례

오로지 한 명의 뛰어난 선수만 있을 때 메달이 나온다. 수영에서 1등을 했던 박태환 선수 이야기다. 대한수영연맹은 박태환 선수가 올림픽 메달을 획득하는 데 그저 바라만 볼 뿐 협업이 전혀 없었다. 1등 선수가 열악한 환경에서 고군분투하는 모습은 삼성 출신이 중소기업에서 모든 것을 혼자 해야 하는 상황과 크게 다르지 않았다.

✓ 성공 사례

일본은 올림픽에서 메달 획득이 점차 줄어드는 상황에서도 사회체육에 대한 투자를 아끼지 않았다. 그러면서도 엘리트 체육을 놓지 않아 전체적인 실력을 높일 수 있었다. 그 결과, 2016년 리우데자네이루올림픽에서 금메달 12개를 따면서 세계 6위로 올라섰고, 2021년 도쿄올림픽에서는 금메달 27개를 거머쥐어 세계 3위로 도약했다. 우리나라는 금메달 6개로 16위를 기록했고, 쇼트트랙의 1등 노하우를 스피드스케이팅에 접목하는 협업을 통해 성과를 꾸준히 내고 있다.

# 07. 미래와 전략

　기업의 경영자는 미래의 먹거리를 걱정한다. 여유가 있으면 있는 대로, 없으면 없는 대로 틈만 나면 먹거리를 찾아오라고 말한다. 웬만하면 '전략'이라는 용어가 들어간 조직을 만들고 임무를 부여한다.

　믿는 것은 자유다. 지구가 돈다는 것을 믿는다는 이유로 처형을 당하던 때가 있었다. 17세기 이야기다. 그때 코페르니쿠스, 갈릴레이, 케플러와 같은 과학자들은 이미 지구가 돈다는 것을 알고 있었다. 지구가 둥글다는 사실과 목성에 위성이 있다는 사실을 알게 되면서 우주의 중심이 지구여야만 하는 이유가 없어졌다. 지금은 지구가 돈다는 사실을 누구나 안다.

집에서 컴퓨터로 뭘 알 거야. 쓸데없는 생각이야.

　앞일을 예언하듯 말하는 미래학자가 예측한 것을 되돌아보면 얼마나 맞을까? 영화 '백 투 더 퓨처(Back to the Future)2'에서 미래로 간 연도는 2015년이었다. 하늘을 나는 자동차, 크기가 자동으로 몸에 맞춰지는 옷, 자동 건조와 같은 상상은 아직 먼 이야기다. 떠다니는 스케이트보드는 실험실에서는 가능하다.

반면에 거실 창문을 대체하는 TV는 현실화되었다. LED, UHD TV로 실현되었다. 가격이 좀 더 떨어지면 벽 한쪽은 TV로 채워질 것이다. 그러나 '백 투 더 퓨처2'도 손에 들고 다니는 전화기와 컴퓨터는 상상하지 못했다. 스마트폰을 발상한 사람이 '백 투 더 퓨처2' 작가보다 상상력 부분에서는 훨씬 앞섰다.

입지 않는 옷이 옷장에 가득한 것처럼 협업할 때에도 쓰이지 않는 참여자가 있다.

피처폰에서 스마트폰으로 넘어가는 순간이 있었다. 들고 다니는 전화기에 컴퓨터를 넣어서 무엇에 쓰겠냐는 사람이 많았다. 개인용 컴퓨터, 즉 PC가 나올 즈음 집에 컴퓨터를 둬서 어디에 쓰겠냐는 사람도 있었다. 이처럼 한쪽은 된다고 하고, 다른 한쪽은 안 된다고 말한다. LG전자가 그동안 스마트폰 사업에서 어려움을 겪었던 이유 중 하나다. 결국 LG전자는 2021년에 스마트폰 사업에서 철수했다.

협업을 해야 한다고 생각하는 사람들은 무수히 많다. 그러나 웃으면서 시작하지만, 싸우고 끝나는 협업도 매우 많다. 둘이서 시작한 사업은 혼자서 시작한 사업보다 일찍 끝나기 쉽다. 둘을 넘어 여럿이 한다면 협업으로 인한 이득보다 마음 고생으로 얻는 손실이 더 클 수도 있다.

### 미래전략실에 미래가 있나요?

세상은 변하지만, 변하지 않을 것처럼 사는 사람도 있기 마련이다. 회사 내에서 '변할 것이다'를 외치는 사람을 모아 보자. 이들이 변하지 않는다고 굳게 믿는 사람들과 전투를 치르는 상황을 피하고, 그 에너지를 변하는 쪽에 쏟아 새로운 무엇을 찾거나 만들게 하면 어떨까?

표정과 스타일이 다르다고 사람이 다른 것이 아니다. 협업은 혼자 하는 것이 아니다.

방법은 다르거나 다양할 수 있지만, 목적이 다르면 같이 할 수 없다. 서울로 가는 길은 여러 개가 있다. 이동 수단도 다양하다. 그러나 서울이 아닌 부산으로 간다면 전혀 다른 이야기가 된다. 삼성전자의 미래 전략을 수립하고 실행하는 지도자들이 모두 문과 출신으로 구성된 적이 있었다. 같은 색깔끼리 모인 삼성전자 미래전략실의 미래가 오히려 궁금해진다.

### '호모 파베르'에게 도구를 주자.

지구상에서 인간만이 도구를 활용한다. '호모 파베르(Homo Faber)'는 도구를 사용하는 사람이라는 뜻이다. 도구도 진화한다. 돌을 도구로 이용한 인간도 구(舊)와 신(新)으로 나뉘고, 청동기가 석기를 이겼으며, 청동기는 다시 철기에 밀렸다.

이메일로 모든 종류의 소통과 협업을 할 수 있다고 믿는 사람이 있다. 그룹웨어면 충분하다고 생각하는 사람도 있다. 협업 툴을 활용하는 것과 활용하지 않는 것은 석기와 청동기, 청동기와 철기만큼의 차이를 만든다. 본부장 세대는 도구 없이도 할 수 있는 것이 많았다. 하지만 MZ세대는 그렇지 않다. 그들에게 디지털 도구를 마음껏 쓰게 하면 본부장 세대에서는 상상도 못했던 성과가 돌아올 수 있다.

> **협업팀 만들기**
>
> 협업팀 내에 다른 생각을 가진 사람이 없다면 '한 방에 훅 갈 수 있는 상황'이 된 것이다. 그들은 완전히 다른 시각으로 말할 것이다. 그들을 격려하면 다른 쪽이 어떻게 돌아가는지 지속적으로 살피면서 진짜 그렇게 되어 가고 있다는 정보를 줄 것이다.

## ✕ 실패 사례

'코닥'은 디지털카메라를 처음 만들었지만 기존 시장인 필름 생태계를 놓지 못해 시장에서 완전히 퇴출되었다. 매장에서 비디오테이프와 DVD를 빌려주며 단순 대여 사업을 하던 '블록버스터 비디오'는 온라인으로 영화를 보는 기술 변화를 무시하는 바람에 파산했다. 블록버스터 비디오는 마지막 기회였던 온라인 대여 서비스 플랫폼을 가진 '넷플릭스'와의 협업마저 거절했다.

## ✓ 성공 사례

필름 업계의 양대 강자였던 '후지필름'은 디지털 기술로 넘어가는 '패러다임 전환(Paradigm Shift)'의 변곡점을 놓치지 않고 잡아냈다. 그리고 필름을 고집하지 않고 보유한 기술력으로 주변 산업과 협업한 결과, 화장품, 의료기기, 건강식품 시장에 뛰어들어 방향 전환에 성공할 수 있었다. 디지털카메라의 강자였던 '올림푸스'도 스마트폰이 카메라 시장을 잠식하자 보유한 렌즈 기술을 의료와 산업용 카메라로 전환시켜 그 분야 최강자가 되었다.

# 08. 쿼티와 회전문

*중견 기업 B사는 조직 개편을 연중행사로 하고 있다. 좋게 보면 급*
*변하는 경영 환경에 대응하는 유연한 조직 운영이라고 할 수 있다. 하*
*지만 명함은 두어 달 있다가 찍는 것이 나을 정도다.*

쿼티(QWERTY) 자판은 알파벳을 QWERTY 순으로 배열한 자판을
말한다. 본래 이 자판은 수동 타이프라이터에 적용된 방법이었다. 자
주 쓰는 자판을 모아 두면 사용이 편리한데, 문제는 타이핑 때 글쇠가
꼬이는 데 있었다. 글쇠가 안 꼬이게 하려고 자주 쓰는 자판들을 멀리
배치한 것이 쿼티 자판이었다.

수동 타이프라이터 시대를 지나 전동 타이프라이터, 그리고 컴퓨터
시대에 와서는 글쇠가 꼬일 일이 없으므로 과학적으로 배열할 수 있
었다. 그러나 자판을 보면서 두 손가락으로 치는 독수리 타법이든, 안
보고 치는 현란한 타법이든, 기존 방법에 익숙한 사용자들은 자판 배
열을 변경하는 데 찬성하지 않았다. 이미 익힌 습관을 바꾸지 않겠다
는 것이었다.

한글은 4벌식 자판에서 시작해 2벌식으로 바뀌었다. 2벌식은 자판
을 반으로 줄이는 원가 절감 요소가 있었기 때문에 성공적으로 시장

에 안착할 수 있었다. 한글의 제자원리(製字原理)에 충실히 따른다면 3벌식이 더 과학적이었지만, 그럼에도 2벌식이 보편화된 이유다.

협업에 필요 없는 것일수록 엉켜 있는 상태에서 버리지 못하는 것이 많다.

### 기업에도 돌고 도는 회전문 쿼티 조직이 있다.

기업 내에도 이렇게 먼저 자리를 잡은 조직이나 인물이 있다. 환경 변화에 따라 완전히 새로운 조직을 구성해야 할 시기에도 그들은 쿼티 같은 존재로 남는다. 사람을 그대로 두고 조직 구성을 새로 하니 기형적인 모습이 나온다. 얼핏 잘 굴러가는 것처럼 보인다. 쿼티 자판이라고 타이핑이 되지 않는 것은 아니기 때문이다.

하지만 외부 환경이 계속 변화하니 조직 변경이 다시 요구된다. 조금 다른 모습의 쿼티 조직이 생겨난다. 여전히 불합리와 비효율이 발생한다. 다시 조직 개편을 해야겠다는 생각이 든다. 1년 내내 이런 식이다. 본질적으로 쿼티가 그대로인 회전문 인사다.

세계 수준의 구조 해석 및 최적 설계 소프트웨어로 국내에서 업계 1위를 달리고 있는 M사의 창업자인 L대표의 직함은 최고인재경영자

(CHO)로, '사람은 변하지 않는다'라는 신념을 갖고 있다. M사는 승진 심사가 없다. 사람이 변하지 않는다고 생각하기에 평가하여 승진 여부를 결정할 필요가 없기 때문이다. 심지어 기업에서 '별'의 자리인 임원도 심사 없이 근무 연수만 채우면 될 수 있다.

이에 따라 L대표에게는 사람을 잘 뽑는 것이 매우 중요했다. 그래서 채용을 위한 여러 고민과 방법을 담은 솔루션을 개발하여 상업화했다. 나아가 M사는 채용할 때 우수할 것이라고 판단한 사원이 과연 지속적으로 우수사원이 될 수 있을지에도 관심을 갖고 평가 솔루션을 개발해 상업화했다. L대표의 '사람은 변하지 않는다'에 대한 확신을 정량화한 것과 다름없었다.

M사는 아이러니하게도 퇴사율이 35%에 육박하며, 기업 평판을 다루는 '블라인드' 앱에서는 직원만족도가 5점 만점에 3.3점 수준이다. 삼성전자가 3.6점이니 낮은 점수는 아니다. 급여와 복지는 3.8점으로 높지만, 경영진에 대한 평가는 2.2점, 사내 문화와 커리어 향상은 2.9점으로 상대적으로 낮은 편이다. 높은 연봉과 복지로도 그 사람이 그 사람인 조직 구성으로는 한계가 있음을 보여주는 사례라 하겠다.

## '사람이 아니라 조직이 한다'는 맞다.

모든 일은 사람이 하는 것이고, 결국 사람이 가장 중요하다. 그렇기 때문에 사장의 가장 중요한 업무는 사람을 뽑는 것이다. 오로지 사람만 중요하다면 뽑은 사람이 나갈 경우 관련된 일도 끝난다. M사는 매년 인력의 35%가 퇴사한다. 이는 일이 제대로 마무리되지 않는다는 것을 의미한다. 사람이 중요하다는 사장이 원하는 모습일 리 없다. 사장은 어느 누가 있어도 회사가 잘 돌아가길 바랄 것이다.

실질적인 예를 들어보자. 영업 사원이 고객의 명단과 상담한 내용을 자신의 수첩에만 적어 놓는다고 가정해 보자. 영업 사원의 퇴사와 함께 고객과의 관계는 끊어질 것이다. 한걸음 더 나아가 마케팅, 생산 부서와의 관계도 끊어질 것이다. 이로 인해 세금계산서 발행이나 수금마저 놓치는 경우도 중소, 중견 기업에서는 비일비재하다. 최근에 고객관리 솔루션을 채택하는 기업이 느는 이유가 여기에 있다.

MZ세대에게 평생직장은 존재하지 않는다. 그들이 곧 회사를 나갈 수 있다는 점을 인정하고 준비해야 한다. 본부장 세대가 중히 여겼던 조직 우선을 과학적인 방법으로 체계화해 보자. 협업 툴을 이용하여 영업과 마케팅, 생산, 재무 부서의 협업을 조직화하고, 그들 중 한 사람이 퇴사해도 회사 일이 작동되도록 하는 것은 사장의 선택이 아니라 의무일 수 있다.

냉난방 효과가 있는 회전문은 종종 환기를 해야 하듯이,
협업할 때도 가끔은 시원한 공기를 미시게 해야 한다.

## 협업팀 만들기

기업에서 문제를 해결할 때는 조직적 관점, 인력적 관점, 기술적 관점

등으로 접근할 필요가 있다. 조직적 관점으로 파고들어 대응할 때는 우선 새로운 조직을 그려야 한다. 특정 사람이 끼어들면 기형적인 모습이 나오기 쉽다. 특정 사람을 위한 협업팀 구성은 좀 더 효과적으로, 효율적으로 작동할 수 있는 기회를 놓칠 뿐이다.

### ✕ 실패 사례

쇼트트랙은 세계에서 1등을 하는 것보다 국내에서 1등을 하기가 더 어려운 종목이었다. 국내에서 펄펄 날던 선수가 세계 무대에 나가기만 하면 실력 발휘를 못하자 감독은 고민에 빠졌다. 감독은 과감하게 세계 무대에 나가기만 하면 펄펄 나는 국내 3등을 대표선수로 선발했다. 과거에는 워낙 출중한 선수가 많아 감독은 여러 가지 사항을 고려해 뽑았다. 선수들도 '이번에는 내가, 다음에는 네가' 하는 식으로 경기에 임한 경우도 있었다. 한때 그랬고, 성적은 추락했다. 좋은 것과 나쁜 것을 구분하지 않는 원칙 없는 협업은 성과보다 비용만 지출하게 된다.

### ✓ 성공 사례

양궁에서도 감독의 고민은 앞의 쇼트트랙과 마찬가지였다. 감독은 세계 무대에 강한 국내 3등을 뽑고 싶은 유혹에 흔들렸지만, 다른 요소를 감안하지 않고 오로지 성적으로만 선발했다. 2020년 도쿄올림픽에서 처음 도입된 남녀혼성 종목에서도 오로지 점수로만 뽑아서 남녀 각각 최연소자가 선발되어 금메달을 획득했다.

지금도 국가대표를 선발하기 위해 성적 외에 다른 요소는 전혀 고려하지 않고 있다. 아무도 이의가 없으며, 성적은 최상을 유지한다. 좋은 것과 나쁜 것을 구분하는 원칙 있는 협업이라고 하겠다.

## 1장 요약

혼자 할 수 있는 일이 점점 줄어들고 있다. 따라서 같이 해야 한다. 모든 일은 팀을 구성하는 것에서부터 시작된다. 효과적으로, 효율적으로 목표를 향해 뛸 수 있는 팀은 어떻게 구성해야 할까? 팀원의 특성과 성향을 고려해서 묶어 주고, 이들에게 창업자의 에너지를 불어넣어야 한다.

다른 의견도 수용할 수 있는 개방적인 팀이어야 하지만, 때로는 특정 사안별로 집중하는 것도 필요하다. 내 선택보다 우리의 선택이 우선이어야 하지만, 리더를 따라야 할 때는 성심껏 지원해야 한다. 미래는 익숙하게 잘 아는 방법으로 다가오지 않는다.

지금까지 잘 해왔다고 해서 미래에도 매번 잘 할 것으로 쉽게 생각해서는 안 된다. 팀을 구성하는 것만으로도 이렇게 생각이 많으니 시작하기가 힘들다. 다음 장에서 무엇을 할 것인지를 정하도록 하겠다.

# 무엇을 할 것인지 정하고,
# 이루어야 할 것을 그린다

---

따르는 사람이 없음을 탓하지 말고,
이루게 할 그것이 없음을 두려워하라.

# 01. 테슬라 vs. 현대차 · 삼성 · LG

미국 '테슬라'의 '모델 3'가 대박을 터뜨렸다. 블루오션을 찾은 것이다. 중국은 전기차에서만큼은 세계 1등이 되려고 한다. 2035년부터 유럽에서는 내연기관으로 움직이는 자동차를 팔지 못한다. 우리 자동차 산업은 어떻게 해야 생존할 수 있을까? 정부, 자동차 회사, 국민은 무엇을, 어떻게 해야 할까?

우리나라에 블루오션이 소개되고, 블루오션 찾기가 유행처럼 번진 적이 있었다. '블루 오션(Blue Ocean)'이란 프랑스 유럽경영대학원 '인시아드'의 김위찬 교수와 '르네 모보르뉴' 교수가 1990년대 중반에 가치 혁신(Value Innovation) 이론과 함께 제창한 기업경영 전략론으로, 수많은 경쟁자들로 우글거리는 레드오션(Red Ocean)과 상반되는, 경쟁자들이 없는 무경쟁 시장을 말한다.

새로움은 언제나 발상의 앞뒤가 바뀔 때 나온다.

새로운 시장은 차별화와 저비용을 동시에 추구함으로써 기업과 고객 모두에게 가치의 비약적 증진을 기대하게 하는 시장이다. 또한 다른 기업과 경쟁할 필요가 없는 무경쟁 시장이기도 하다. 블루오션이란 기존의 치열한 경쟁 시장에서 시장점유율을 확보하기 위해 애쓰는 것이 아니라 매력적인 제품과 서비스를 통해 자신만의 독특한 시장, 곧 싸우지 않고 이길 수 있는 시장을 만들어 내는 전략을 말한다.

블루오션에서 우리가 깨달은 것은 '발상의 전환'이다. 거기에 대박이 터지는 시장이 있었는데, 왜 그것을 생각하지 못했냐는 것이다. 많은 기업들이 신규 사업을 통한 성장을 도모한다. 신규 사업은 블루오션을 의미했다. 많은 사업자들은 경쟁 없는 매력적인 시장을 찾아 헤맸다. 결과는 어땠을까? 쓸 만한 사람은 이미 결혼했다는 미혼들의 푸념처럼, 쓸 만한 시장은 이미 누군가가 선점한 경우가 대부분이었다.

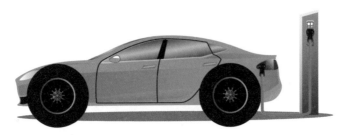

전기차를 구입할 때의 고민은 충전이다. 테슬라는 무료 충전을 제공한다.
협업에는 언제나 극복해야 할 걸림돌이 있다.

블루오션은 목적이 아니라 과정의 산물이다.

목적이 있다 하더라도 그곳 역시 어려움은 산적해 있다. 소금기 있는 바닷물에서 먹고 먹히는 삶을 살다가 강물 '블루오션'과 바다 '레드오션'이 만나는 민물 근처에 가보니 먹이는 많고, 나를 잡아먹는 천적은 없다. 당장 가고 싶다. 그러나 삼투압은 어떻게 할 것이며, 빠른 물살은 어찌할 것인가? 물가 '레드오션'에서 땅 위 '블루오션'을 바라보니 역시 먹이는 많고, 나를 잡아먹는 천적은 없다. 그러나 땅에서 어떻게 움직일 것인가? 다리가 없는데 말이다.

　본업과 전혀 관계없이 성공할 수 있는 블루오션은 거의 없다. 따라서 자기 자리에서 경쟁력을 높이는 것이 최우선이다. 그 후 강화된 경쟁력을 새로운 시장에 접목하는 외연 확대 전략이 필요하다. '3M'의 '포스트잇'이나 비아그라와 보톡스 시장을 보라. 이것들이 처음부터 블루오션이었던가? 본업에 충실하다 보니 생겨난 부수입 같은 시장이었다. 블루오션을 찾고 싶다면 힘이 들더라도 지금부터 본업의 '레드오션'을 다시 들여다봐야 하는 것은 아닐까?

시원한 블루오션을 찾으면 좋겠지만, 대부분의 협업 성과는
약간 개선된 '퍼플오션'일 경우가 많다.

### CDMA를 해낸 것처럼 전기차도 해보자.

최근 자동차 시장에 새로운 블루오션이 밀려오고 있다. 바로 전기차 시장이다. 앞서가고 있는 테슬라만 멍하니 쳐다볼 이유가 없다. 현대기아차동차는 스스로 경쟁력 있는 전기차를 만들고, 정부는 전기차 충전 인프라를 갖추어야 한다. 그것도 바로 지금 해야 한다.

협업은 이럴 때 실력이 제대로 발휘된다. 과거 CDMA의 신화는 산업계와 정부의 협업으로 탄생했다. 거기에 국민의 열광적인 지원이 함께 뒤따랐다. 자동차 분야도 그때처럼 신바람을 다시 한번 살려 합심할 때가 도래하고 있다.

### 미래의 빛은 만들어지고 있다.

MZ세대는 어릴 때부터 동영상 촬영과 스트리밍, 게임 등 기성 세대가 생각지 못한 방식으로 경제활동을 해왔다. 그중 일부는 실제로 큰 돈을 벌기도 했다. 본부장급 세대가 좋은 직장에 입사해 퇴직할 때까지 직원으로 일하겠다고 다짐한 반면, MZ세대는 새로운 것을 과감하게 시도하고 실행해 보았다.

이처럼 그들에게는 '기업가 정신'이 상당 부분 내재해 있다. 조직의 리더는 MZ세대의 이런 점을 기존 조직에 흡수해 활용해야 한다. 항상 채팅을 하고, 서로 공유하는 그들의 커뮤니티를 제대로 활용한다면 기업의 미래 먹거리를 만들어낼 수도 있을 것이다.

## 협업팀이 할 것 정하기

테슬라의 주가가 GM과 포드보다 높다. 미래가 밝기 때문이다. 초기에 부정적인 생각을 가지고 있었던 사람들도 이제는 실현 가능하다고 보고 있다. 테슬라와 전통적인 자동차 제조사의 기업 가치 차이가 점점 커지고 있다. 우리에게는 이루기 어려운 목표를 신바람으로 달성한 예가 많다. 신바람은 현재를 지킬 때는 나오지 않는다. 따라서 협업팀에는 새로운 목표가 주어져야 한다.

### ✕ 실패 사례

우수한 기능으로 시장을 선점했던 SKT의 '네이트온'은 시장점유율이 안쓰러울 정도로 '카카오톡'에 밀려 잊혀진 메신저가 되었다. SKT에서 주도한 문자메시지 서비스 '조인' 역시 문을 닫았다. 음성 통화에서 문자와 이미지로 소통하는 세대 변화를 감지하지 못한 결과다. 음성 통화와 문자 소통의 협업이 필요한 시점이다.

### ✓ 성공 사례

'카카오톡'은 국내 시장은 석권했지만, 해외 진출은 전혀 이루어지지 않고 있다. 반면에 네이버의 '라인'은 일본 시장을 석권했으며, 동남아에서 시장점유율을 높이고 있다. 문자메시징 시장 자체는 레드오션이지만, 지역적으로 블루오션을 찾은 것이다. 카카오톡은 기업용 시장에 눈을 돌려 카카오워크로 나아가고 있다. 카카오의 블루오션이 될지 지켜보자.

# 02. 과학 vs. 엿장수 마음대로

대기업 구매 담당 C상무는 적정 구매량이 고민이다. 주문은 영업 부서의 요청에 따라 하는데, 어처구니없게도 재고가 쌓이면 구매팀의 책임이 된다. 적정 주문량을 위해 온갖 과학적 방법을 사용해도 늘 남거나 모자란다.

문제를 풀어 보자.

- 공원 매점에서 우유를 판다.
- 우유는 빨리 변질되므로 오늘 주문한 우유를 못 팔 경우 당일 폐기 처분을 해야 한다.
- 지난 한 주 동안 다음과 같이 판매되었다.
  - 첫째 날 2개, 둘째 날 7개, 셋째 날 3개, 넷째 날 2개, 다섯째 날 4개, 여섯째 날 6개.
  - 많게 또는 적게 팔리는 추세도 없고, 날씨 등 특별한 이유도 없었다.

이런 판매 상황에서 적절한 주문량은 몇 개일까?

이익의 극대화는 중간이 아니라 양쪽 끝에서 나온다.
협업의 목표는 평균을 찾는 것이 아니다.

## 평균은 언제나 답이 될까?

마땅한 해답이 없는 상황에서 주문 시간이 다가오고 있다. 대체로 평균값 4개를 답하는 사람이 가장 먼저 나타난다. 가장 쉬운 방법이다. 평균을 쓸 때는 반드시 함께 고려할 것이 편차다. 평균값이 각 변수와 얼마나 떨어져 있는지를 살펴봐야 한다.

공원 매점에서 평균인 4개를 주문하면 매일 손해가 발생한다. 첫째 날은 2개를 못 팔고 폐기해서 손해고, 둘째 날은 3개를 팔 기회를 놓쳐서 손해, 다섯째 날만 제외하고는 나머지도 각각 1개, 2개, 2개가 손해다. 각각 편차가 있기 때문이다. 매일 4개만 팔린다면 문제가 없지만, 항상 편차가 있기 때문에 골치다.

그렇다면 평균은 거의 매일 손해인데 어떻게 주문량을 선정해야 할까? 손해를 줄이려면 가장 많이 관측되는 수, 즉 주어진 값 중 가장 자주 나오는 최빈값을 선택하면 그나마 손해를 최소화할 수 있다.

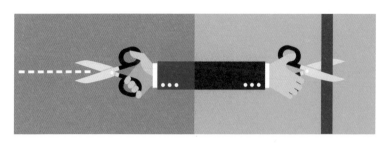

판매를 극대화하기 위한 엿장수의 유연한 시장 대응은 협업 리더가 지녀야 할 자세 중 하나다.

## '주인 마음대로'는 엿장수만이 아니다.

그럼 최빈값이 정답일까? 아니다. 정답은 '매점 주인 마음대로'다. 매점 주인이 소극적으로 실질적인 손해를 안 보려면 폐기 처분이 안 되도록 주문해야 한다. 적극적으로 벌어 보려고 한다면 좀 더 많이 주문하는 것이 맞다. 대신 매점 주인은 좀 더 많이 팔기 위해 노력할 방법을 갖고 있어야 하겠다. 날씨, 행사 등을 고려한 과학적인 예측도 필요하지만, 가장 중요한 것은 매점 주인의 이루고야 말겠다는 '기업가 정신(Entrepreneurship)'이다. 가장 많이 팔린 날을 기준으로 주문하고, 안 팔리면 끼워 팔기, 할인 판매 등으로 소화하는 것도 방법이다.

## 상대방이 무엇을 바라는지 짚어내라.

지금까지 구매를 어떻게 할 것인지에 대해 파고들었다. 답은 엉뚱하게도 영업 담당자의 의지에서 나왔다. 앞에서 예로 든 매점 주인은 구매와 영업을 동시에 하는 겸직 담당자지만, 기업에서는 구매 담당자와 영업 담당자가 다르다. 기업에서 영업 담당자는 구매 담당자가 비싸게 사온 탓에 가격 경쟁력이 떨어져서 팔기 어렵다고 자주 말한다. 사실 구매 담당자는 나름대로 가장 저렴하게 구해 온 것이다.

그렇다면 왜 그는 영업 담당자로부터 비싸다는 불평을 듣는 것일까? 이는 최종 고객의 요구(Needs)를 잘 모르기 때문이다. 꼭 필요한 메뉴와 기능이 무엇인지 모를 때, 구매 담당자는 과한 제품(Over spec)을 사서 원가가 오르거나 반대로 과소 제품(Under spec)을 구매하여 제품 경쟁력을 떨어뜨릴 수 있다. 영업과 구매 담당자가 한 팀처럼 움직여야 하는 이유다. 이 둘의 협업은 상대방이 무엇을 바라는지 파악하는 데서 시작해야 한다.

### 협업팀이 할 것 정하기

목표는 가치다. 가치를 강요할 수는 없다. 공감하지 않는 가치를 이루기 위해 출근하는 하루하루는 지옥과 같다. 가치를 중시하면 자발성이 따라오고, 숫자는 그 결과물이 된다. 공감을 하며 스스로 가치를 만들고 있는 협업팀에는 관리 감독이 필요 없다.

### ✕ 실패 사례

'노키아'는 스마트폰에 대한 오판으로 위기가 닥쳤을 때, 가장 먼저 인력 감축을 결정했다. 'H자동차'는 IMF 위기 때 해고통지서가 든 노란 봉투를 돌렸다. 노동조합이 강성화하는 계기가 되었고, 거의 매년 파업을 하고 있다. 이들은 위기에 직면했을 때, 함께 극복하는 협업보다 각자도생(各自圖生)을 선택했다.

## ✓ 성공 사례

일본의 '마쓰시다 전기'는 한때 재고가 넘쳐나는 경영 위기에 빠졌다. 비용 절감을 이룰 수 있는 가장 쉬운 해결 방법은 인력 감축이었다. 그러나 마쓰시다 전기는 한 사람도 해고하지 않았다. 그 대신 모든 사원들에게 영업력을 배가해 줄 것을 요청하며 위기극복에 대한 의지를 밝혔다. 창업자 '마쓰시다 고노스케'가 해온 협업 방식이다.

# 03. 진짬뽕 vs. 신라면 블랙

2011년, 설렁탕 한 그릇의 영양을 담았다며 가격을 두 배가량 올린 '신라면 블랙'이 출시되었다. 빨간색이건 검은색이건 간에 라면 시장의 25%를 점유한 '국민라면'이 가격을 두 배나 올렸다고 국민적 분노를 샀다.

'신라면 블랙'이 비싸다고 생각하면 그냥 신라면을 먹으면 된다. 하지만 다른 라면도 많고 독점 상품이 아닌데도 많은 국민들은 분노했다. 국민적 조사까지 뒤따랐다. 제조사는 신라면 블랙이 설렁탕의 영양을 담았다고 발표했지만, 라면 스프에 설렁탕 한 그릇의 영양이 들어갔을 리 만무했다.

국민적 저항에 부딪힌 신라면 블랙은 그렇게 해서 실패한 라면이 되었다. 프리미엄 라면은 마치 시장에 나오면 안 되는 것처럼 여겨졌다. 그런데도 우리는 쉽게 잊어버리는 DNA를 가지고 있었던 것일까? 1년 후 조금 싸지만 여전히 두 배쯤 비싼 신라면 블랙이 다시 시장에 등장했고, 얼마 지나지 않아서 프리미엄 라면으로 자리를 잡아갔다.

## 생존 부등식: 가치> 가격> 원가

서울대학교에서 오랫동안 교편을 잡은 윤석철 교수는 생존 부등식을 거론하면서 '신라면'을 예로 들었다. 라면의 조상인 국수의 종주국은 중국이고, 라면은 일본에서 만들어진 식품이다. 그럼에도 봉지라면은 우리나라 신라면이 세계 1등이다. 신라면은 가치(Value)보다 가격(Price)이 싸다. 라면 한 끼의 가치는 사람마다 다르겠지만, 대략 3,000원 정도라고 한다. 김밥 한 줄 가격이 2,000원 정도이기 때문이다. 반면에 신라면의 가격은 1,000원 정도에 불과하다. 시장에서 팔리는 핵심 요인이다.

신라면 블랙은 영양을 더하고, 더욱 고급스럽게 만들어졌다. 원가가 더 투입되었으니 당연히 가격이 올라야 한다. 그러나 신라면 블랙의 가격은 두 배가량 올랐지만, 그 가치는 살짝 올라간 것에 불과했다. 만일 신라면 블랙의 가치가 5,000원쯤 되었다면 가격이 2,000원이 되어도 문제가 없었을 것이다. 우리 국민에게 라면의 가치는 빨간색이든 검은색이든 3,000원 정도에 머물러 있다고 보아야 할 것이다.

## 나의 가치는 동료로부터 나온다.

가치, 가격, 원가에서도 협업이 필요하다. 가치는 고객의 인정에서 비롯되는데, 이는 마케팅의 임무다. 가격은 고객과의 눈치 싸움, 경쟁사와의 치열한 비교를 통해 정해지는 영업의 역할이다. 마지막으로 품질은 유지하되 원가를 낮추는 것은 원료를 저렴하게 구매하고 만드는 구매와 생산의 몫이다. 이들 간의 협업없이 생존 부등식은 이뤄지지 않는다.

포스코 창업자인 박태준 회장이 경쟁사인 신일본제철을 다녀온 후의 일이다. 일본에 가보니 포스코의 원가 자료가 있던데, 우리는 그들의 원가 자료가 있느냐고 임직원들을 질책했다. 원가 부서는 즉시 보안을 강화했다. 사실상 모든 자료를 폐쇄해버리는 바람에 영업 부서에서 원가 자료 없이 가격을 책정하는 지경까지 이르렀다. 20여 년 후, 세계 1위 수준의 생산성과 가격 경쟁력을 갖춘 포스코는 경쟁사가 원가를 알아서 뭘 어쩌겠냐는 자신감으로 보안보다 공유를 우선시하여 지금은 관련 부서가 협업을 하고 있다.

원가는 숫자에 불과하다. 경쟁사의 원가 자료를 보는 것과 그 가격으로 제품을 만드는 것은 완전히 다르다. 물론 외부에 원가 자료를 노출하지 않는 것은 여전히 중요하다. 하지만 그 자료를 생산 부서와 구매 부서, 영업 부서가 공유하여 어떻게 하면 원가를 더 낮출지 협업으로 도출하는 것 역시 매우 중요하다.

새로운 가치를 찾아내는 협업에는 우여곡절이 있기 마련이다.

포장을 바꿔도 본질은 변하지 않는다.

2015년 11월에 '오뚜기'가 내놓은 '진짬뽕'이 크게 히트했다. 출시 몇 개월 만에 라면 시장에서 세 번째로 많은 판매량을 기록했다. 이럴 수가! 고가 정책도 먹혔다. 진짬뽕을 선택하는 데 가격은 문제가 되지 않았다. 진짬뽕은 라면이 아니라 짬뽕으로 포지셔닝했다. 굵은 면발, 짬뽕의 풍미 등 품질은 각자 생각해보기 바란다.

짬뽕의 가치는 라면보다 위에 있다. 어느 곳이나 짬뽕은 라면보다 비싸다. 윤석철 교수의 생존 부등식에 따르면 적정한 가격일 수 있다. 새로운 라면을 만든다는 생각에서 출발한 하얀 라면 '꼬꼬면'은 잠깐의 유행에 그쳤다. 새로운 가치를 만든 진짬뽕은 길게 갈 것으로 기대된다. 전통의 1등 라면과 달리 프리미엄 라면은 성공보다 실패가 많다. 스프를 고급스럽게 만들어도 라면은 라면이기 때문이다.

프리미엄의 가치를 만들려면 협업도 프리미엄급으로 해야 한다.

## 협업팀이 할 것 정하기

"또 시작한대"라는 말이 나올 때가 있다. 벌써 몇 번째인데 아직도 저러고 있다는 평판인 것이다. 포장만 바꿔서 그렇다. 본질을 바꾸지 않으면 몇 번을 해도 그 나물에 그 밥이다. 협업팀에 주어져야 할 일은 본질을 바꾸는 것이다.

### ✕ 실패 사례

지지율이 떨어지고 선거에 지면 본질은 그대로인 채 이름을 바꾼다. 정신을 차리지 않으면 한 방에 훅 간다던 '새누리당'은 한 방에 가서 '자유한국당'으로 이름이 바뀌었고, 이어서 '국민의 힘'으로 변경되었다.

정신차리자!

### ✓ 성공 사례

대부분의 소프트웨어 개발자는 용역비를 받아서 프로그램을 만든다. 산출물의 소유자는 돈을 제공한 발주자가 된다. 소프트웨어는 개발자가 만들지만, 이윤의 80%는 통신사가 가지는 구조. 반면에 '애플'은 아이폰의 소프트웨어 개발자에게 이윤의 70%를 나누어 주었다. 소프트웨어 개발자들은 열광했고, 다양한 서비스가 나오게 되었다. 만든 사람이 주인이 되는 협업으로 본질적 변화를 이룬 것이다.

# 04. 3/5/7 vs. 4/6/8

성공하면, 양쪽을 다 잡은 틈새전략을 새로운 시장이라고 한다. 실패하면, 이것도 저것도 아니라고 할 것이다. '삼성자동차'의 'SM6'는 어떻게 될 것인가?

현대자동차의 '아슬란'은 '그랜저'보다 좋은 사양을 원하지만, '제네시스'가 부담스러운 고객을 목표로 나온 차다. 달리 말하면 그랜저보다 비싼데, 제네시스보다 못한 차일 수 있다. 이것도 저것도 아닌 것이다. 늘 그렇듯 성공하면 틈새전략이 성공했다고 말한다. 아슬란은 이것도 저것도 아닌 차가 되었고, 결국 2017년 말 단종되었다. 자동차 작명 중 숫자로 하는 대표적인 차는 'BMW'다. 3, 5, 7로 포지셔닝한다. 국내에서 삼성자동차가 따라 했다. SM3, SM5, SM7이다. 기아차는 K시리즈다.

닛산이 만든 삼성자동차는 5⁺급이다.

1998년에 출시된 1세대 'SM5'는 '소나타'급이지만, 소나타보다 조금 더 좋은 차로 인식되어 큰 성공을 거두었다. 삼성 그룹에서 임원으로 승진하면 자동차 영업 사원이 "차 바꾸셔야죠"라고 애교 있는 강매도 가능한 시절이었다. SM은 'Samsung Motors Model'이라는 의미인데, 삼성(S)이 만든(M) 이미지로 시장에 침투했다. 삼성이 국내에서 가장 실력 있는 기업이니 뭔가 다르지 않겠냐는 생각을 하는 고객도 있었을 것이다.

그러나 사실은 삼성이 만든 자동차라서 성공한 것이 아니고, 일본이 만든 차였기 때문에 성공한 것으로 보아야 한다. '닛산'이 만든 차를 거의 그대로 가져왔기 때문이다. 반면에 삼성이 직접 만들어 2005년에 출시한 2세대와 2010년의 3세대는 1세대보다 성공하지 못했다.

사고는 늘 일어날 수 있다. 성공적인 협업의 유효기간은 영원하지 않다.

SM6 가격으로 SM6 품질은 누구나 한다.

후속 차가 미진한 상황에서 SM5의 명성도 여전하지 않았다. SM5의 가치는 소진되어 버렸다. 그래서 고민 끝에 SM6를 만들었을 것이다. 아슬란의 실패도 보았고, BMW6의 판매량도 아른거렸을 것이다. 삼성은 '6'의 가치를 만들기로 최종 결정했다. 잘 팔리면 성공 사례가 될 수 있었다. 소나타보다 좋은 사양을 원하지만, 그랜저는 부담스러웠던 고객들이 반응했다. 사양은 소나타보다 좋았지만, 가격은 아쉽게도 소나타보다 비싸졌다. 과연 어떻게 되었을까? 시장에서 성공하면 틈새를 잘 공략한 것이고, 잘 안 되면 아슬란과 같은 처지가 될 것이 뻔했다.

5와 7을 적당히 섞어서 6를 만들면 성공할 수 있었을까? 애매한 상황이 될 수도 있고, 이것도 저것도 안 될 수 있었다. 6가 성공적이면 SM은 3, 5, 7을 포기하고 4, 6, 8로 갈 수도 있었을 것이다. 독일 차 '아우디'도 짝수로 나가고 있었으니 말이다. SM6에 대한 고객들의 초기 반응은 괜찮아 보였다. K5의 판매량을 거뜬히 추월했기 때문이다. 그러나 차츰 감소하더니만 2021년에는 결국 디자인을 크게 변경한 K5와 전통의 소나타를 넘어서지 못했다. 2021년에는 기아자동차가 그랜저에 밀린 K7 브랜드를 K8로 변경했다.

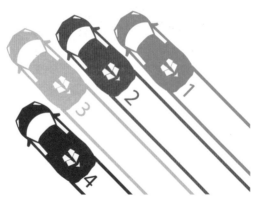

협업과 달리 사업에서는 결과적으로 잘 되면 성공 요인이 되고, 잘 안 되면 실패 요인이 된다.

소비자는 숫자가 5인지, 6인지로 좋고 나쁨을 판단하지 않는다. SM6와 K5라는 브랜드 명칭과 관계없이 하드웨어는 비슷한 것으로 생각한다. K8과 그랜저도 결국은 같은 급이다. 삼성의 스마트폰은 하드웨어 측면에서 애플에 버금가지만, 가격이 싸고, 영업이익은 애플의 50%도 안 된다. 소프트웨어의 차이 때문이다.

자동차도 소프트웨어로 승부할 시기가 왔다. 구매하자마자 중고차가 되는 차와 애플처럼 소프트웨어가 10년 동안 '새 것'이라면 소비자의 선택은 달라질 수 있다. 기계 장치였던 자동차는 과거에는 기계공학 엔지니어가 주였지만, 최근에는 전자 장치가 많이 들어가면서 전자공학 엔지니어의 비중이 커졌다. 이제는 소프트웨어공학 엔지니어의 비중을 늘려야 할 때다. 기계공학–전자공학–소프트웨어공학 엔지니어와의 협업만이 경쟁력 있는 자동차를 만들 수 있는 시대다.

### 협업팀이 할 것 정하기

미지근한 물을 좋아하는 사람이 있다. 식당에서 나오는 물은 대부분 찬물이면 찬물, 더운물이면 더운물이다. 미지근한 것은 일시적이고 한정적이다. 협업팀에 애매한 목표를 주어서는 안 된다.

✕ 실패 사례

소주와 맥주를 섞어 먹는 '소맥'이 유행하자 맥주의 알코올 도수를 높인 '카스 레드(Cass Red)'가 출시되었으나 시장에서 금세 사라졌다. '소맥'은 소주와 맥주를 섞어 먹는 재미가 있었다. 단순히 알코올 도수를 높인 카스 레드는 시장을 잘못 판단한 것이었다. 레드 와인과 화이트 와인의 중간 색깔인 로제 와인과 하인즈가 만들었던 살사 스타일의 케첩은 이것도 저것도 아닌 제품이었다. 레드 와인이나 화이트 와인과 살사 스타일의 소스가 많이 팔린다 한들 레드 와인을 화이트 와인과 섞어 먹지 않고, 케첩을 살사처럼 먹지 않았기 때문이다. 단순히 더하는 것은 협업이 아니다.

### ✓ 성공 사례

2014년 12월, 가구·생활용품 업체인 스웨덴의 '이케아(IKEA)'가 경기도 광명에 첫 매장을 열었다. 이케아는 '가구 공룡'으로 불리며 연매출이 40조 원에 육박하는 글로벌 가구 기업으로, 고객들에게 DIY(Do It Yourself, 소비자 제작 상품) 가구를 비롯해 생활용품과 인테리어 소품 등을 함께 제공하는 것이 특징이었다. 세계적인 대형 가구점의 등장으로 국내 가구 업체들이 경쟁력을 잃고 도태할 수 있다는 우려가 많았다.

'한샘'은 이케아가 등장하자 고객만족에 집중했다. 이케아가 스스로 만드는 서비스에 집중한 반면, 한샘은 직접 조립해 주고 설치해 주는 종합 서비스를 강화했다. 이케아가 등장한 후, 한샘의 매출과 영업이익은 오히려 30%가량 증가했다. 위기 앞에서 판매와 설치가 절실하게 협업해 얻은 결과였다.

# 05. 투자 vs. 투기

*기업은 성장을 해야 한다. 임직원 입장에서도 정체는 퇴보를 의미한다. 매출이 늘지 않으면 승진 기회도 없어진다. 연봉 인상도 당연히 기대하기 어렵다. 성장하기 위해서는 투자를 해야 한다. 중견 기업 B사도 투자할 곳을 열심히 찾고 있지만, 좀처럼 실행이 안 되고 있는 것이 고민이다.*

중견 기업 B사는 지금 하는 사업 영역에서 1위를 달리고 있다. 고민은 현재의 사업이 더 이상 성장하지 않고 있다는 것이다. 20여 년간 사업을 지속했으므로 이른바 '경험곡선'에 의하면 원가가 많이 떨어져서 수익률이 좋아져야 한다. 그런데 현실은 정반대로 나타나고 있다. 판매 가격은 그대로인데, 원가율은 점점 올라가서 수익률이 점점 0(Zero)에 수렴해 가고 있다.

임직원들도 걱정이다. 날이 갈수록 영업 환경이 나빠지고 있다. 그동안 우위에 있던 기술력을 경쟁사가 바짝 따라왔다. 8년 전에 납품한 설비는 고장도 나지 않는다. 4년 전에 교체하고 나서 금년에 두 번째로 교체해야 하는데, 아직도 잘 쓰고 있다. 아마 2년은 더 사용할 수 있을 것 같다.

## 신규 투자는 10개 중 한두 개만 성공해도 훌륭하다?

신규 사업을 찾지 않으면 안 될 절체절명의 시기다. 임직원이 찾아오는 투자할 만한 사업은 잘 될 수도 있지만, 잘 안될 것 같은 요소가 더 많다. 퇴짜를 맞기 일쑤다. 찾아온 사람의 속마음은 이렇다.

"10개 중 한두 개만 성공해도 되는 것 아닌가요?"

협업이 성공하기 위해서는 화초에 꾸준히 물을 주듯 지속적인 관심을 보여야 한다.

10개 중 한두 개 성공하는 것이 과연 적정한 투자일까? 성공 확률이 10%대라면 투자라기보다는 투기에 가깝다. '투기'는 부동산 분야에서 많이 쓰는 용어다. 부동산 투기는 단순히 자본 차익을 얻기 위해 부동산을 구입하는 것이다. 보유 기간 중에 부가가치를 증진시키는 아무런 행위를 하지 않고 불로소득을 얻고자 할 때, 투자가 아닌 투기라고 한다. 임직원이 찾아온 사업에 팀원이 부가가치를 추가할 수 있을 때는 투자라고 할 수 있다. 성공률과 관계없이 말이다. 단지 인수만으로 이익 증진을 기대한다면 투자라기보다는 투기에 가깝다.

M&A(기업의 인수 · 합병)가 어려운 것은 사는 사람과 파는 사람의 가격 흥정 때문이다. 가치(Valuation)를 따져 보니 100 정도가 적정한 것으로 보인다. 그러나 파는 사람은 120 정도를 부른다. 이윤이 있어야 하기 때문이다. 반대로 사는 사람은 80 정도를 부른다. 100을 제값 주고 사느니 내가 직접 만들면 된다고 생각하기 때문이다. 40이 차이 난다. 접점을 찾기 어려운 이유다.

남의 것을 사서 내 것으로 만들려면 두세 배의 노력이 필요하다.

사는 사람은 파는 사람이 더욱 곤궁해지길 기다린다. 가격이 내려갈 것이라고 생각하기 때문이다. 사실 그만큼 가치도 떨어지는 것이지만, 그렇게들 많이 한다. 내려갈 때까지 내려간 것은 아무도 사지 않기 때문이기도 하다. 하지만 그 즈음에 산 사업체라면 잘 되기 어렵지 않을까?

구글, 페이스북 같은 글로벌 기업들은 깜짝 놀랄 가격으로 사업체를 인수한다. 투기가 아니라 투자를 하는 것이다. 부가가치를 더해 100을 200으로 만들 수 있을 때 투자하기 때문이다. 따라서 인수 · 합병을 할 때는 앞으로 만들어질 부가가치가 무엇인지 정의할 필요가 있다. 그것을 얻었다면 투자가 잘된 것이다.

신세계 그룹의 정용진 회장은 2021년 이베이코리아를 인수하면서 얼마에 샀느냐 보다 얼마로 만들 것이냐가 중요하다고 말했다. 이어서 스타벅스코리아에 4,743억 원을 투자해 지분 67.5%로 최대 주주가 되었다. 신세계 그룹의 주력 사업인 백화점과 대형 마트의 성장이 정체된 상태에서 대규모 인수 · 합병으로 상황을 돌파하려 하고 있는 것이다. 달걀을 한 바구니에 담지 말아야 하듯이, 하나의 비즈니스 모델을 지속하는 것은 망하는 지름길이다.

한 번의 협업으로 완전한 성공을 바라는 것은 투기와 같은 마음가짐을 가진 것이다.

없는 위험을 만드는 것은 투자도 아니고, 투기를 넘는 도박이다.

주의할 것은 투자라는 이름으로 진행하고 있는, 없는 위험조차 만드는 도박이다. 시간을 때우는 두 사람이 가위바위보를 해서 이기면 '꿀밤'을 한 대씩 때리기로 한다. 없던 위험을 만든 것이다. 카지노에서는 투자는 물론 투기도 해서는 안 된다. 그것은 없는 위험을 스스로 만들어 내 것을 버리는 것과 같다. 간혹 한두 번쯤 딸 기회는 있을 것이다. 그러나 계속하면 결국 무일푼이 된다. 그 위험은 자신이 초래한 것이다. 우리가 시작하려는 것은 가치 있는 무엇을 만들고자 하는 것임을 잊지 말아야 하겠다.

## 협업팀이 할 것 정하기

우리가 그 사업에 어떤 가치를 심을 수 있는지를 찾는 것이 투자의 시작이 되어야 한다. 남의 것을 내 것으로, 내 것을 남의 것으로 만드는 뼈를 깎는 과정을 통과해야 가치 있는 협업이다. 그런 노력이 추가되지 않는다면 투자가 아닌 투기일 뿐이며, 협업이 아닌 단순한 분업일 뿐이다.

### ✕ 실패 사례

1600년대 중반 네덜란드에서는 새로 수입된 터키 원산의 아름다운 원예식물인 튤립이 큰 인기를 끌었다. 그 결과, 튤립 사재기 현상이 벌어졌다. 꽃이 피는 미래 시점에 특정한 가격으로 매매하는 현재의 선물거래까지 등장했다.

그러나 계속 오를 것 같던 튤립 가격이 어느 순간 하락세로 반전되어 팔겠다는 사람만 넘쳐나자 거품이 터지고 말았다. 튤립에 부가가치를 더한 것이 없는 투기였기 때문이다. 부가될 가치가 무엇인지도 모른 채 부동산, 주식, 금, 비트코인을 사놓고 무작정 기다리고 있다면 튤립을 갖고 있는 것과 같다.

### ✓ 성공 사례

SK는 정부가 안정적인 수익원으로 갖고 있던 정유 회사와 이동통신 회사를 인수하면서 크게 성장했다. SK에너지와 SK텔레콤은 인수 전부터 국내 1등이었지만, SK하이닉스는 삼성에 이어 국내 2등으로, 세계 시장에서 무한경쟁에 뛰어들어야 하는 처지였다. SK하이닉스가 새로운 부가가치를 만들지 못하면 그룹 전체가 휘청일 수 있는 상황이었다. 그런데 2012년 인수 시점에 2만 원대였던 주가는 2017년 7만 원대가 되었다. 모기업인 SK와의 협업으로 부가된 가치가 세 배나 커졌다고 시장이 인정한 것이다.

## 2장 요약

　모두들 대박이 터지는 것을 원한다. 꿈부터 꾸어 본다. 남의 것이 커 보여서 내 것을 키우려니 힘이 나지 않는다. 그래도 나의 영역을 살펴보고, 실력을 길러야 하겠다.

　이루어야 할 목표는 기술이나 과학에 있지 않다. 우리의 의지에 달려 있다. 때로는 엿장수같이 마음껏 목표를 세워 보자. 우리가 보유한 제품을 다른 모습으로 생각해 보자. 동일한 시장에 예전과 비슷한 이미지로는 새로운 시장이 열리지 않는다.

　대박을 원한다면 대박이 될 수 있는 투자를 해야 한다. 이것저것 하는 것은 투기에다 없는 위험을 만드는 도박이다. 투자는 매일 생각하고 실행하는 것이 필수다.

# 3장

# 첫걸음을 인정해야
# 내딛을 수 있다

———

성과가 작음을 탓하지 말고,
의미 없는 성과를 두려워하라.

# 01. 고속버스와 정속 주행

고속도로에서 과속 운행을 하는 차량은 크게 두 부류다. 바쁜 운전자와 나쁜 운전자다. 고속버스는 바쁜 운전자였다. 그런데 어느 날부터인가 고속버스의 과속이 눈에 띄게 줄어들었다.

심야 고속버스를 타면 가끔 당황스러울 때가 있었다. 너무 빨리 도착하는 것이었다. 늦는 것도 아니고 일찍 도착하는 것이 뭐가 문제냐고 할 수도 있다.

하지만 심야에 고속버스를 탈 때는 도착 시간을 첫 버스나 첫 지하철 시간에 맞춰 다음 이동 계획을 세우는 경우가 많다. 그런데 예정보다 빨리 도착하면 춥거나 덥거나 깨끗하지 못한 터미널에서 속절없이 대기를 해야 한다. 고속버스 기사 입장에서는 조금이라도 일찍 도착하는 것이 좋다. 대부분의 승객 요구에 부응하는 것이기도 하다. 그러나 그만큼 위험을 안고 과속해서 달려왔다는 것을 잊어서는 안 된다. 하나 더 있다. 경제 속도보다 빠르게 달렸으니 연료도 더 많이 소비한다는 것이다.

집에서 떠날 때는 고속을 기대하지만, 톨게이트에 진입한 후 고속도로는
종종 저속도로가 된다. 협업을 시작한 다음의 모습도 기대와는 다르게 흘러간다.

고속버스 회사 입장에서 과속은 두 가지 문제를 유발한다.

기사가 과속을 할 경우, 고속버스 회사는 두 가지 문제가 발생한다.
첫째는 교통사고 위험이 증가하는 것이고, 둘째는 연료비가 증가하
는 것이다. 이를 방지하기 위한 노력으로 먼저 금지 규정을 두기 시작
했다. 말로는 안 되니까 규정 속도를 초과하면 경고음이 울리게 했다.
이 경고음은 승객의 불안과 짜증을 불러왔다. 최종적으로 규정 속도
이상 가속이 안 되도록 장치를 붙이는 생각을 하게 되었다. 하지만 이
런 금지 유형(네거티브)은 효과가 별로 없었다. 기사와 승객 모두 빨리
가는 데 이의가 없었기 때문이다.

기사에게 주는 실질적인 이득으로 두 마리 토끼를 잡았다.

과속을 줄이려면 회사 정책에 대한 기사들의 자발적 참여를 어떻게

유도할지 찾아내는 것부터 시작해야 한다. 회사가 기사별 연료비를 추적했더니 연간 평균 800만 원을 썼다. 정속 주행과 경제 속도로 운행했을 때는 600만 원으로 줄었다. 200만 원의 차이가 발생했다.

회사는 200만 원의 차이를 줄이는 것이 비용을 절감할 뿐만 아니라 안전 운행의 핵심 요소라고 판단했다. 그래서 기존의 네거티브 방식 대신 상금을 주는 포지티브 방식으로 전환했다. 절감액의 절반을 기사들에게 지급하기로 한 것이다. 그 결과, 기사들은 연간 100여만 원의 부수적인 수입이 생기기 때문에 안전 운행을 실천하게 되었다. 이 제도가 고속버스 과속이 줄어든 근본적 이유다.


## 통제 대신 스스로 인센티브를 만들게 하라.


많은 기업에서 비용 절감을 위해 많은 노력을 기울이고 있다. 포스코와 LG전자의 생산 현장에서는 원가 절감에 대한 제안이 상시화되어 있다. 그동안 생산 직군의 적극적인 참여가 포스코와 LG전자 가전 제품의 원가 경쟁력과 혁신을 이끌어 왔다. 반면 사무 직군에서는 매년 하는 비용 절감 제안이 식상했다. 종이를 아끼자며 이면지를 사용하고, 인쇄를 줄이자는 정도가 그들이 할 수 있는 일의 전부였다.

그래서 스타트업 ㈜오이사공은 사무실 운영을 위한 전기료와 각종 소모품에 대한 예산을 책정한 후, 남은 비용을 해당 부서에 현금으로 지불하고 있다. 사장이 비용을 아끼라고 말할 필요가 없다. 직원 스스로 에어컨 온도를 적정하게 맞추고, 각종 소모품도 아껴 쓴다. 아낀 만큼 직접적인 보상이 따르기 때문이다.

㈜오이사공은 이러한 보상을 매년 늘려 직원들의 절감 노력을 지속

적으로 지원해주고 있다. 협업 툴에 비용 절감 팀룸을 만들어서 구매 전에 필요한 물품과 사유를 올려 놓고, 중고로 구매하는 방법 등을 공유하거나 심지어 집에서 사용하지 않는 비품까지 가져오게 하는 등 자연스럽게 비용 절감에 참여하도록 돕고 있다. 고속버스 기사들에게 실질적인 이득을 준 것과 같다. 이러한 태도는 작은 행동을 통해 큰 절감과 혁신을 가져오는 동인이 된다. 이처럼 스스로 첫걸음을 유도하면, 두 번째 큰 걸음으로 이어질 수 있다.

성공적이다 싶을 때, 협업은 과속을 하기 쉽다. 정속 주행으로 사고를 방지하도록 해야 한다.

### 협업팀의 첫걸음

직접적으로 이득이 발생하는 장치를 만드는 것이 협업팀에 필요하다. 회사 입장에서는 비용 증가가 꺼려질 수도 있다. 하지만 잘 따져 보자. 이득이 100이라면 비용은 99까지 써도 효과가 있는 것이다.

### ✕ 실패 사례

과속 측정을 하는 카메라 근처에서 과속 차량들이 정상 속도로 달리자 곳곳에 가짜 카메라를 설치했다. 운전자가 알아채는 것은 시간 문제였고, 가짜 카메라는 위법 사항이어서 철거되었다. 이어 이동식 카메라가 등장했다. 이동식 과속 측정 부스에 카메라가 없는 경우가 많아지면서 과속 방지 효과가 없어졌다. 협업 과정에서 정당성이 부족하면 성과보다는 비용이 증가한다.

## ✓ 성공 사례

독일의 경우 비정규직으로 2년 근무 후 정규직으로 전환될 수 있다고 한다. 독일 노동자들은 정규직이 될 수 있다는 희망을 가지고 열심히 근무한다. 스웨덴의 스톡홀름에는 정상 속도로 주행하는 차량에 대해 '좋아요'를 표시해 주는 거리가 있다. 이들 중 추첨을 통해 상금을 주는데, 정상 속도로 달리는 차량이 22% 증가했다고 한다.

# 02. 대박 vs. 소박

인생 한 방은 로또에서나 가능하다. 한 번 대박이 두 번째 대박을 보장하지는 않는다.

참치는 원양에서 잡기 때문에 대부분이 냉동이다. 바로 잡아서 회로 먹을 기회가 많지 않다. 일본에는 낚시로 참치를 잡는 할아버지가 있다. 참치를 잡으면 그는 그야말로 대박이다. 한 마리에 1~2억 원정도 받기 때문이다. 2~3년치 연봉을 참치 한 마리로 버는 것이다. 문제는 1년에 한 마리를 잡거나 아예 못 잡는다는 것이다. 대박은 그렇게 자주 오지 않는다.

협업 과제는 어렵다. 어렵다고 낚싯배를 타지 않으면 한 마리도 잡을 수 없다.

서서히 젖는 이슬비가 강하다.

영업맨은 이슬비도 좋지만, 소나기를 좋아한다. 한 번에 흠뻑 젖을 정도로 판매고를 올린다면, 더욱이 그것이 1월이라면 1년이 편안하다. 매출 목표를 달성했으니 시간도 자유로워진다. 출근이 늦든, 퇴근이 빠르든, 휴가가 길든 짧든 뭐라고 말하는 사람이 없다. 반면 이슬비는 없는 것보다는 낫지만 힘들게 느껴진다. 1개를 팔든 10개를 팔든 들어가는 노력은 같기 때문이다.

쉽지는 않겠지만 그래도 차근차근 매출 목표를 향해 다가가 보자. 작년에 했듯이 올해도 그렇게 하고, 내년도 계획할 수 있을 것이다. 회사에 이렇게 소나기를 좋아하고 대박만 쫓는 영업맨만 모여 있다면 어떻게 되겠는가?

수험생을 향한 '수능 대박' 구호는 실수하지 말고, 실력을 발휘하라는 응원이다.
실력이 발휘되는 협업을 응원한다.

영업은 버는 날보다 못 버는 날이 많다.

야구에서 3할대 타율이면 특급 선수가 된다. 미국 메이저리그에 진출할 수도 있다. 열 번 중 세 번만 안타를 치면 된다.

영업에서도 10일 중 3일만 벌어 오면 최고가 된다. 영업맨에게 "네가 처음부터 제품을 기획하고 납품하는 모든 과정을 장악해 대박을 터뜨렸는데, 왜 독립해서 직접 하지 않고 회사에 이익을 주느냐?"고 물어보라. 대체로 그들은 영업 성과가 개인의 능력이 아니라 회사의 힘으로 이루어졌다고 말할 것이다.

사실, 계속 히트를 치거나 꾸준히 영업 성과를 낼 수 있다면 독립하는 것도 방법이다. 문제는 10일 중 7일은 못 버는 날이라는 것이다. 사장은 못 벌어 오는 7일도 영업맨을 잘 대해 주고, 영업 성과가 없는 달에도 꼬박꼬박 월급을 지급해야 한다. 그래야 대박이 터져도 사장에게 가져오기 때문이다.

**직접적인 방법보다 간접적인 방법이 효과적일 때가 있다.**

영업맨은 새로운 고객이 보자고 하면 힘이 난다. 판매 기회가 생겼기 때문이다. 기업의 실적은 이런 판매 기회에서 나온다. 판매가 안 되면 아무 소용이 없다. 사장은 가장 잘나가는 영업맨의 노하우를 실적이 저조한 영업 부서에 전파해 전체 매출을 높이고 싶다. 어떻게 신규 고객으로부터 전화를 받는지, 성공률은 왜 그렇게 높은지, 고객은 또 누군지 다른 영업맨들에게 알리고 싶다. 그래서 요청을 가장해 다음과 같이 지시를 한다.

"손오공 씨의 노하우를 매뉴얼로 만들어서 전파합시다."

다들 짐작하겠지만, 최고의 영업맨은 자신의 노하우를 밝히고 싶지 않다. 사장은 한 방에 직원들에게 노하우를 전수하고 싶어 하지만, 그가 마음처럼 따라 주지 않는다. 최고 영업맨의 노하우 공개는 몇 번의 시도 끝에 일반적인 영업 원칙만 공유한 채 흐지부지된다.

그래서 '한국얀센'은 최고 영업맨의 직접적인 노하우, 즉 대박에 가까운 정보 공유에 실패한 후 소박의 방법으로 접근했다. 즉, 최고 영업맨의 직접적인 노하우 대신 그가 상대하는 잘나가는 약국의 노하우를 공유키로 한 것이다. 가령, 타이레놀을 상대적으로 많이 파는 약국의 노하우를 공유키로 한 것이다.

약국의 노하우를 알아내는 것은 당연히 영업맨의 몫이지만, 그들은 크게 부담을 느끼지 않았다. 자신의 노하우가 아니라 고객의 노하우였기 때문이다. 이를 통해 1등 약국의 타이레놀 판매 노하우가 영업맨의 공유와 협업을 통해 영업맨 각자가 관리하는 약국으로 전파되었다. 타이레놀 판매량이 급증한 것은 당연했다.

## 협업팀의 첫걸음

쥐어 짜는 상황이 되면 부작용이 커진다. 참여자는 시늉하는 것에 그칠 가능성이 높다. 이해관계가 첨예한 상황에서 도움을 강요하는 것은 안한 것만 못할 수도 있다. 작은 성과를 크게 칭찬해서 협업이 지속되도록 해야 한다.

### ✕ 실패 사례

이슬비처럼 천천히, 누구나 참여하는 자발적 협업으로 만들어진 '위키피디아'가 '브리태니커'와 같은 출판 백과사전을 밀어내고 있었다. 이시기에 '마이크로소프트'는 위키피디아에 대항하기 위해 전문 작가와 편집인에게 급여 등 각종 금전적 인센티브를 지급해 온라인 백과사전 '엔카

르타'를 만들었다. 그러나 금전적 보상에 따라 지식을 공유하는 데 한계를 보이기 시작하면서 수많은 사람들이 작은 걸음으로 조금씩 만들어가는 위키피디아에 밀려 2009년 폐쇄되었다.

### ✓ 성공 사례

2021년 도쿄올림픽에서 남자 야구와 여자 배구는 각각 4등을 했다.

남자 야구는 금메달을 목표로 출전을 했다. 6개 팀이 출전하여 상위 50%만 되면 동메달이었으나 결과는 4위에 그쳤다. 올림픽에 나가기 전부터 선수들의 음주로 인한 불상사가 있었던 데다, 경기 중 벤치에 앉은 선수들이 껌을 씹으며 무관심을 나타내는 등 최선을 다하지 않는 모습을 보였다. 이로 인해 그들이 동메달을 따서 군대 면제되는 모습이 싫다며 상대 국가를 응원하는 국민들까지 생겨났다.

반면에 여자 배구는 선수 구성의 어려움 등으로 상위 입상을 기대하기가 쉽지 않은 상태였다. 하지만 선수들의 일치단결된 합심과 최선을 다하는 모습으로 인해 국민들은 승패에 상관없이 환호를 보냈다. 어쭙잖게 대박 꿈을 꾼 남자 야구와 달리 게임 자체에 최선을 다하여 소박의 꿈을 이룬 여자 배구는 4등을 한 것만으로도 국민에게 큰 박수를 받았다.

# 03. 웨이터 vs. 종업원

방송을 타는 바람에 손님이 크게 늘어나 즐거운 비명을 지르는 한 추어탕집 사장에게 고민이 생겼다. 손님이 몰려오는 것은 좋은데, 서비스가 나빠졌다는 소리가 점점 커지고 있었기 때문이다. 사장이 직접 이리 뛰고 저리 뛰고 있지만 솔선수범만으로는 해결이 되지 않고 있다.

외식 업계에서는 매장을 확장하면 망한다는 속설이 있다. 작은 매장에 자리가 부족해서 손님이 줄을 서고 급기야 일부 손님들이 발길을 돌리면 사장은 생각한다. 매장을 확장하면 매출이 크게 증가할 것이라고.

하지만 손님이 줄을 서는 광경은 돈을 주고도 살 수 없는 최고의 마케팅 도구다. 그만큼 가격과 품질에서 경쟁력이 있다는 증거다. 매장을 넓혀서 줄을 없앤다면 강력한 마케팅 도구가 하나 없어진다고 할 수 있다. 넓어진 매장에 손님이 가득 차는 상상은 사장의 머릿속에서만 가능한 일일 뿐이다.

맛집에 줄을 서는 이유가 있듯이, 협업의 달인에게는 협업의 노하우가 있다.

### 사장의 시각: 손님이 늘었으니 좀 더 빨리 움직입시다.

평상시에 300명 정도의 손님이 오는 경기도 분당의 한 추어탕집이 어느 날 방송에 소개되는 바람에 더 많은 손님이 몰리기 시작한다. 그럼에도 주인은 매장을 넓히지 않는다. 방송 여파가 언제까지 갈지 알 수 없기 때문이다. 매장은 점점 시장판이 되어 간다. 기다리는 손님, 소리 지르는 손님, 재촉하는 손님으로 시끄러워진다. 점차 서비스도 엉망이 되기 시작한다. 사장은 종업원들에게 "빨리빨리"만 외친다.

### 종업원의 시각: 손님이 늘어서 힘들어요. 직원 더 뽑아 주세요.

손님이 하루에 300명 정도일 때는 종업원 간의 역할이 잘 맞았다. 척하면 척이었다. 그러나 400명쯤 되니 주문도 꼬이고, 서비스도 엉망이 되었다. 손님들의 불평불만도 늘어났다.

"손님이 늘어서 사장님만 좋아진 것 아닌가요? 종업원 더 뽑아 주세요."

사장은 궁여지책으로 손님이 400명이 되면 인당 1만 원을 지급하기로 했다. 300명을 넘어 350명쯤 되면 피곤해지면서 서비스 품질이 급격히 떨어지다 보니, 351번째 손님부터는 불만이 쏟아져 나오고 있었다. 그런데 1만 원 지급 제도가 시행된 후, 종업원들의 마음가짐이 변하기 시작했다.

'오늘도 손님이 몰리네. 애매하게 350명 정도 오지 말고, 아예 400명을 채워라.'

라스트 스퍼트(Last Spurt)를 위한 자극제가 된 것이다. 분당의 이 추어탕집은 이렇게 위기를 해결했다. 이 추어탕집의 문제는 종업원들이 손님들의 숫자와 관계없이 급여를 받기 때문이었다.

미국의 팁 문화는 우리에게 생소하다. 밥값을 지불했는데, 서빙을 한 종업원에게 별도로 팁을 줘야 하다니. 게다가 정해진 금액도 없다. 대략 10%라는데, 그때그때마다 다르니 불편하지 않을 수 없다.

※어떤 태도로 서비스를 하느냐에 따라 대가가 달라진다고 해도, 팁을 받는 서빙 종업원은 고정 급여가 없거나 매우 적다. 그들이 받는 보상이 충분하다는 의미가 아님을 밝혀둔다.

동료와 맞춰 가면서 일하는 것은 동료에게 서비스하는 것과 같다.
개개인이 협업을 위해 제공하는 서비스에 대해서도 보상이 따라야 한다.

시스템 통합과 운영에도 협업 툴이 필요하다.

기업용 소프트웨어를 제공하는 사업은 (1)고객의 요구에 따라 새롭게 만들어 납품하거나, (2)기업이 이미 보유하고 있는 소프트웨어를 유지하고 보수하는 것으로 나눠진다. 첫 번째 사업을 시스템 통합(SI, Systems Integration)이라 하고, 두번째 사업을 시스템 운영(SM, Systems Maintenance)이라고 한다.

SI 사업의 애로 사항은 만드는 과정에서 고객의 요구가 수시로 변경된다는 것과 납기를 지켜야 한다는 압박이 심하다는 것이다. 막바지에는 밤샘 작업을 하기 일쑤라 건강까지 잃는 경우도 적지 않다. 납기를 제때 맞추지 못하면 지체상금까지 물어야 한다. 이렇다 보니 SI 개발자는 고객의 검수를 통과하기 위해 뒷일을 생각하지 않고 작업을 하는 경향이 있다.

SM 사업은 SI 개발자가 만든 시스템을 인수받아 운영하는 뒷일을 담당한다. 검수를 위해 무리하게 개발된 시스템은 SM 담당자를 곤혹스럽게 한다. 버릴 수도 없고, 새로 만들 수도 없는 상황에서 고쳐 써야 한다. SM 담당자는 고객의 끊임없는 수정 요구와 신규 추가 요구에 다른 사람이 엉터리로 만든 것을 수리해가면서 대응하는 것이 애로 사항이다. 사실 SM 담당자는 SI 개발자가 잘 만들어서 인계하고, 고객의 수정이나 추가 요구가 없다면 정말 편할 수 있다.

SM 담당자는 종업원의 처지와 같아서 고객의 요구가 많아지면 서비스 품질이 떨어지게 된다. 고객의 요구가 적을수록 안정적으로 시스템이 운영되므로 SM 담당자의 평가가 높아지지만, 반대로 고객의 요구가 많아지면 시스템 운영에 트러블이 생긴 것으로 판단되어 평가가 낮아지게 된다. 이렇게 평가가 낮아지면 결국 SM 담당자는 이직을 고려하기 시작한다.

협업 툴은 이런 불합리한 상황을 타개해 준다. 긴급도, 중요도, 난이도에 따른 고객의 요구를 한 눈에 볼 수 있어 SM 담당자가 어떤 상황에서 업무를 수행하는지 알 수 있게 해준다. 또한 얼마나 잦은 장애가 나는지도 정리해 주고, 앞선 SI 개발에서의 품질 파악은 물론 SM 담당자가 얼마나 고생스럽게 일하는지도 명백하게 알 수 있도록 해준다. 나의 업무를 알아주는 상사와 회사가 있고, 적정한 평가와 보상이 따른다면 이직할 이유가 전혀 없다.


## 주인이 아니면 주인의식은 없다.

다시 미국의 종업원 입장에서 생각해보자. 정해진 팁이 없다는 것은 오히려 팁을 더 많이 받을 수 있는 기회가 된다. 손님 이름을 불러주면 팁도 올라간다. "제임스 씨, 지난 번과 같은 것으로 드릴까요? 저번에 조금 짜다고 하셨는데, 소금 간을 약하게 해달라고 주방에 말하겠습니다"라고 하면 팁을 두 배로 받을 가능성이 높다.

손님이 늘수록 팁을 받을 기회도 늘어난다. 손님이 없는 것이 문제일 뿐이다. 주인과 같은 입장이 된다. 손님의 부름에 미소를 머금고 다가가라고 말할 필요가 없다.

최근 H자동차 노조에 MZ세대 직원들이 크게 반발하고 있다. 회사에 기여한 가치가 더 높았지만, 노조의 요구로 동일한 성과급을 받았기 때문이다.

## 협업팀의 첫걸음

같이 하자는 마음은 사장의 일방적인 시각일 수 있다. 과정에서도 좋은 점이 있어야 한다. 과정이 괴롭다면, 결과적으로 발생한 성과를 나누어 줄 수 있어야만 자발적 협업이 이루어진다.

### ✕ 실패 사례

세계적인 피자 프랜차이즈 '피자헛'과 '도미노'에 대적하던 'M피자' 회장은 자서전에서 가맹점을 '가족점'이라 칭하고, "가맹 사업에서 가장 필수적인 것은 본부의 도덕관"이라고 말했다. 가맹점을 가족이라고 생각하는 마음에서 가족점이라는 명칭을 썼다고 한다. 그러나 시중보다 비싼 가격으로 치즈를 강매한 이른바 '치즈 통행세'와 탈퇴 가맹점을 표적으로 한 '보복 출점' 의혹을 받고 있다. 운전기사를 구타하고, 경비원을 폭행하는 기업주가 협업을 말한 놀라운 경우다.

### ✓ 성공 사례

미국의 식료품 체인점 '웨그먼스'는 2017년 〈포춘〉이 선정한 '미국에서 가장 일하기 좋은 기업'으로 구글에 이어 2위로 선정되었다. 웨그먼스는 피트당 매출이 14달러로 업계 평균 9.4달러보다 훨씬 높다. 직원 4만 명의 회사만족도는 98%이고, 이직률은 6%에 불과하다. 이직에 따른 채용과 교육 등의 비용은 타사에 비해 40%나 적다.

이 기업은 직원의 업무만족도를 우선적으로 생각하고, 업계 최고 수준의 급여를 주며, 인위적인 해고도 없다. 학습을 격려하고, 일과 삶이 균형을 이루도록 하고 있다. 가족 같은 유대감은 덤이다.

이와 같은 협업이 국내에서도 진행되고 있다. 'SBS스페셜' 479회에서는 다음과 같이 국내의 작은 회사와 식당의 사례를 소개했다.

(1) 회사를 바꾼 괴짜 신창연 사장이 있다. 팀장이든 대표든 직원 투표에서 일정 기준 이상의 점수를 받지 못하면 잘린다고 한다. 신창연 사장은 직원들의 투표로 잘렸다고 말했다.

(2) 매월 나눔제도를 통해 초과 이익이 생기면 직원들과 분배하는 식당이 있다. 그 수익은 온전히 직원들에게만 돌아가고, 사장 부부는 제외하고 있다. 사장은 "지금의 식구들과 호흡하고 싶다"라고 말했다.

(3) 한 직원이 적극적으로 주 4일 근무제를 제안했다. 사장은 당황했지만, 회사 입장에서도 더 나을 수도 있다고 판단해 주 4일 근무를 도입했다.

# 04. 대리점 vs. 편의점

2013년 5월, 남양유업의 한 영업 사원이 대리점주를 상대로 막말과 욕설을 퍼부은 음성 파일이 인터넷에 공개되면서 이른바 '갑질'이 논란이 되었다. 남양유업은 대리점에 했던 갑질을 편의점에서는 할 수 없다.

이것은 남양유업의 영업 사원에게는 그가 팔아야 할 물량을 대리점에 넘긴 자연스러운 업무였다. 영업 사원과 대리점은 협업 관계였으며, 이런 일은 지금까지 문제없던 관행이었다. 평상시처럼 대리점주가 물량을 안 받으니 폭발한 것이었다. 이는 전적으로 영업 사원의 시각이다.

남양유업과 같은 식음료 업종이나 LG생활건강과 같은 생활용품 업종에서는 '창고'가 다음과 같이 두 가지 속성을 가진다.

- 나의 창고에 보관한다.
- 너의 창고에 보관한다.

대리점 담당 영업 사원은 '너의 창고(대리점 창고)'에 보관하는 방법을 택했다. 월말이 되면 할당된 물량을 대리점 창고로 이동시킨 후, 전표를 발행하면 그뿐이었다. 샴푸나 비누 등은 그나마 유통기한이 없으므로 대리점 창고에 가득 채우고 나서 나머지는 길가에 내려놓고 가면 그만이다. 이렇게 극단적인 갑질을 하는 경우, 한 달에 이틀 정도만 일하면 된다. 반면에 남양유업은 유통기한이 있어서 못 팔면 대리점주가 즉각 손해를 감수해야 하니 큰 문제가 된다.

일정한 규칙 아래 움직이는 협업에서
부당하게 다른 한쪽으로 무거운 짐을 넘겨서는 안 된다.

편의점에서는 한 개씩 주문해도 영업 사원은 할 말이 없다.

편의점도 '너의 창고'에 보관하는 정책이다. 여기서 '너의 창고'는 남양유업과 LG생활건강의 '너의 창고'와는 다르다. 전산화된 편의점은 하나 팔릴 때 하나를 주문하는 체계를 갖추고 있다. 편의점 담당 영업 사원은 한 달 내내 일할 수밖에 없다. '토요타자동차'의 JIT(Just In Time, 고객의 주문이 들어오면 바로 생산되는 시스템)처럼 거창한 이름은 붙이지 않았지만 하나 팔면 하나 주문하는 '즉시 체계'이기 때문이다.

다양성이 점점 확대되는 상황에서 어느 한쪽의 일방적인 방법으로
협업을 몰아붙여서는 안 된다.

정보의 독점은 재앙으로 돌아올 수 있다.

요즘 편의점은 이틀이면 폐기해야 할 먹거리가 다양해지고 많아졌
다. 협업 체계가 갖춰져 있지 않으면 불가능한 일이다. 편의점이 급속
히 증가하면서 서비스도 다양해지고 있다. 클럽 주변의 편의점에서는
가방과 옷을 보관해 주는 서비스로 고객을 유인하고 있다. 일본에서
는 편의점에서 노인을 위한 도시락 배달뿐 아니라 건강관리까지 하고
있다. 정보를 공유하고 공동으로 활용하면 서로 이익이 된다는 경험
때문에 가능한 협업이다.

협업 툴은 내가 필요한 것을 동료가 알게 해주고, 동료가 필요한
것을 함께 지원하는 윈-윈(Win-Win) 체계를 자연스럽게 마련해준다.
2021년 코로나19를 약삭빠르게 이용하다가 커다란 자충수를 둔 불가
리스 사태는 정보 공유와 협업의 반면교사다. 남양유업의 정보 독점
과 대리점 체계 유지는 빠르게 망하는 지름길이라고 할 수 있다. 모쪼
록 남양유업이 고객, 대리점, 축산농가와 상생의 걸음을 함께 하기를
기대해 본다.

## 협업팀의 첫걸음

회사의 정보를 특정 계층이 독점하면서 직원들에게 명령을 하달하는 형태는 남양유업의 대리점 체계와 같다고 할 수 있다. 이제는 직원이 하나의 정보를 소비할 때마다 회사가 하나씩 채워 주는 편의점 형태의 정보 공개와 유통으로 협업을 활성화해야 한다.

### ✕ 실패 사례

중견 기업 C사 회장은 공식적인 업무 보고보다 비공식적인 정보 수집을 선호한다. 오늘 A상무가 보고한 내용에 대한 진위 등을 확인하기 위함이다. 회장은 이렇게 수집한 정보를 독점함으로써 임원 간에 서로 견제를 하도록 만들었다. 공식적인 보고보다 비공식적인 정보에 의한 의사결정과 평가는 개별적이고 경쟁적인 충성을 이끌어 냈다. 충성의 총량이 증가하는 듯했지만, 이는 회사 내에 정치 그룹이 만들어지는 단초를 제공했다.

임원들은 동료 임원에 대한 평판을 묻는 회장의 질문에 대체로 긍정적인 대답을 했지만, 몇 개의 결정적인 약점을 제공해 자신이 사는 길을 터놓았다. 이로 인해 동료의 실패가 곧 나의 성공이 되는 문화가 형성되면서 주력 사업은 정체되고, 신규 사업은 실패로 치달았다. 결국 회장은 30년째를 넘기면서 기업을 매각하고, 사업 일선에서 은퇴했다.

### ✓ 성공 사례

기존의 패션 업계는 패션쇼를 열어 다음 계절에 유행할 디자인을 미리 선보인 후 대량으로 만들어 유통시킨다. '자라', 'H&M', '유니클로'는 이와 반대로 매장 고객의 반응에 대응하는 협업으로 디자인을 바꿔가며 제품을 생산한다. 신상품 아이디어를 매장에서 본사로 실시간 보고하고,

일주일 정도 판매 추이를 지켜본 뒤 반응이 좋지 않으면 매장에서 옷을 빼는 식이다. 이는 정보를 공유하는 것은 물론, 매장의 요구를 즉각 반영하고, 시행착오를 지속적인 개선 도구로 활용했기에 가능했다.

# 05. 배추와 삼겹살

농산물의 폭락과 폭등이 매년 반복되고 있다. 유통 업자는 이른바 밭떼기로 계약했다고 하더라도 폭락 시에는 위약금을 주고 계약을 포기한 후 시장에서 사면 된다. 반면 폭등 시에는 잔액을 모두 지불하고 농산물을 사서 시장에 비싸게 내다 팔면 된다. 이런 폭등과 폭락을 발생시키는 공급량의 차이가 고작 5%라는 사실에 어이가 없어진다.

배추 생산량이 5% 증가하면 폭락이 시작된다. 수요자는 하루이틀이면 더 내려갈 거라 생각해 좀 더 기다리게 된다. 그동안 수확된 배추가 창고에 모이고, 가격이 더 내려가기 시작한다. 그런데 정말 이상하다. 초과량인 5%만 떨어져야 셈법이 맞는데, 반값이 된다.

반대로, 배추 생산량이 5% 감소하면 폭등할 채비를 한다. 가격 급락을 경험한 생산자가 배추를 조금 덜 심은 탓이다. 그러면 감소된 물량 때문에 가격은 금방 두 배가 된다. 이 과정에서 유통 업자의 배만 불리게 된다. 이것을 알면서도 개선이 안 되고 있어 안타깝기만 하다.

상황이 이러니 1년 단위의 밭떼기 계약이 잘될 리 없다. 위약금을 주고 시장에서 사서 팔아도 이익이 될 수 있는 구조이다 보니 그런 것이다. 이것을 깨는 방법은 장기 계약밖에 없다.

새로운 배추가 자라고 있으므로 배춧값 파동은 오래가지 않는다.
지금 협업이 안 된다고 크게 실망할 필요가 없다. 협업은 다시 시작할 수 있다.

조금 덜 벌더라도 지속적이어야 한다.

조금 싸더라도 정해진 가격으로 사고, 조금 비싸더라도 정해진 가격으로 팔아야 한다. 3년 계약만 해도 생산자와 구매자는 안정적인 배추 가격을 보장받을 수 있기 때문이다. 단기적인 관계가 아니라 장기적인 협업 관계가 이루어지는 순간이라고 할 수 있다. 안정적인 원가는 경제도 안정시킨다.

2016년 유가가 급락해 2003년 수준으로 떨어졌다. 산유국 경제가 침체되어 전 세계에 악영향을 미쳤다. 유가 하락은 디플레이션도 발생시킬 수 있다. 사실 저유가는 세계 경제에 좋은 것이다. 2003년 저유가 시절, 경제는 오히려 좋았다. 원가가 올라가는 것이 문제지 떨어지는 것이 문제될 것은 사실 없다.

문제는 하락 속도다. 조금씩 서서히 떨어지면 나쁠 것이 없다. 상승도 마찬가지다. 연 2% 정도 오르면 경제가 잘 적응한다. 그 정도 인플레이션은 건강한 자극이 된다.

A식당은 매번 시장 가격에 따라 식자재를 구매한다. 배춧값이 오른 다고, 삼겹살 가격이 오른다고 음식 가격을 바로 올릴 수는 없다. 장 사하기 힘들어지는 순간이다. 반대로 떨어진다고 해서 바로 낮추지도 못한다. 고객도 못마땅한 것은 매한가지다.

옆에 있는 B식당은 장기 계약에 따라 식자재 가격이 동일하다. 장 기 계획을 갖고 품질도 올릴 수 있으며, 고객 서비스도 향상시킬 수 있다. 작은 첫걸음에 의미를 부여하고, 의미가 성과로 이어지려면 긴 안목으로 함께해 나가야 한다. 첫술에 배부를 수 없고, 아침과 서녁이 달라서는 내일이 없을지도 모른다.

단기적이라고? '장기 목표를 주지 않았다'로 해석한다.

전문 경영인은 단기 실적에 중점을 두기 때문에 장기적인 관점을 갖고 있는 오너 경영인이 기업을 경영해야 한다는 주장이 펼쳐지곤 한다. 오너 경영자가 단기 실적보다 장기적 관점으로 회사를 발전시 키고, 그것으로 평가한다고 가정해 보라. 단기 실적만 쳐다볼 전문 경 영인은 아마 없을 것이다. 올해 실적만큼 지속 가능한 먹거리를 찾는 것은 기업의 숙명이다. MZ세대가 3년 후 확보할 핵심 능력은, 그들 이 3년 동안 추진할 수 있는 목표를 회사와 합의한 후, 차근차근 이루 어 나가도록 지원해 주어야 비로소 얻을 수 있다.

회사 내에는 비슷해 보여도 능력이 다른 여러 인재가 있다.
이들과 장기적인 관계를 맺어 놓으면 협업을 길게 이루어 나갈 수 있다.

## 협업팀의 첫걸음

하루이틀 만에 협업의 효과를 얻을 수는 없다. 장기적인 관점에서 접근해야 한다. 내가 먼저 마음을 열고 상대에게 도움을 주면서 천천히 기다려야 하는 것은 모든 인간관계에서 동일하다. 협업의 첫 성과도 천천히 기다려 주어야 한다.

### ✕ 실패 사례

미국의 자동차 회사 '크라이슬러'는 과거에 경쟁입찰제를 통해 낮은 단가를 제시한 부품 업체들과 단기적인 계약 관계를 맺었다. 원가 절감을 위해 사실상 부품 업체의 단가를 후려친 것이다. 그로 인해 부품 업체들과 신뢰를 바탕으로 한 이익 공유가 이루어지지 않아 장기적이고 지속적인 관계가 형성될 수 없었다. 결과적으로 부품 업체에 대한 가격 압박은 품질 하락으로 이어졌고, 경쟁사들보다 신차 개발 기간은 오히려 길어졌다. 비용 역시 더욱 상승했음은 물론이다.

일본의 자동차 회사 '미쓰비시'는 닛산을 추격하는 과정에서 원가 절감과 개발 기간 단축에만 주력하고, 부품 업체와의 기술 협력은 등한시했다. 결과적으로 차량 결함이 증가했고, 보증 수리 부담에 판매 부진까지 겹쳐 2000년 3,600억 엔의 적자를 기록하면서 주가도 40%나 하락했다.

국내 완성차 업체와 협력사의 협업도 이와 크게 다르지 않은 상황이다. 'CR(Cost Reduction, 원가 절감) 회의'를 하면 협력사만 죽어나는 형국이다.

#### ✓ 성공 사례

많은 식품 업체가 OEM(주문자 상표 부착)으로 제품을 생산한다. 대체로 OEM으로 생산하는 중소기업은 죽지 않고 살 만큼만 이윤을 남기고 판매자(대기업)에게 제품을 넘긴다.

'비정규직 사원 제로'로 널리 알려진 '오뚜기'는 OEM 협력 업체에 제 값을 쳐주는 회사로도 유명하다. 새로운 설비를 지원하는 등 적극적이고 진정한 협력으로 품질도 유지하고 있다. 오뚜기는 건면 제품을 모두 OEM으로 생산한다. 참치 캔도 OEM으로 생산한 후, 매출액이 변경 전 대비 69%나 상승했다. 협력 업체와 장기적인 상생(相生) 관계에 기반을 둔 협업을 이룬 결과, 소비자들에게 품질을 인정받은 것이다.

## 3장 요약

비전과 목표를 주어도 직원들이 내 마음같이 움직여 주지는 않는다. 그러면 '사랑의 채찍을 들어야 할까?'를 생각하게 된다. 좋은 결과, 매출을 올리거나 수익을 개선하기 위한 것이라고 합리화하면서 말이다.

이런 경우, 그 수혜를 직접적으로 나누어 주면 어떨까? 네 것을 내놓으라고 하면 선뜻 내놓을 사람이 별로 없을 것이다. 그들의 노하우를 간접적으로 공유할 수 있도록 해보자.

자기주도형이 가장 효과적이라는 것은 모두가 잘 알 것이다. 직원들이 스스로 할 수 있도록 체계를 갖추어 보자. 정보기술의 도움을 받아 프로세스도 정립할 필요가 있다. 시작 3일 만에 괄목할 만한 성과를 낼 수는 없다. 하루아침에는 이루어지지 않으니 길게 꾸준히 해나가는 것이 필요하다.

## 4장

# 버릴 것을 버려야만
# 다시 채울 수 있다

—

채울 것이 없음을 탓하지 말고,
채울 그릇이 없음을 두려워하라.

# 01. 월요일과 임원

중견 기업 B사는 임원회의를 매주 월요일마다 타성적으로 하고 있다. 회의에서 구체적으로 논의해 결정하는 것도 사실상 없다. 어찌 보면 차나 한잔하면서 담소하는 수준이다. 사장은 정작 임원회의를 통해 본인이 경청하고 있다는 사실 아닌 사실을 과시하고 있는 것은 아닐까?

임원이 있는 기업에서는 대부분 정기적으로 임원회의를 한다. 월요일 아침에 극심한 교통 체증이 발생하는 이유는 한 주를 시작하는 월요일마다 회의를 하기 때문이다. 매주 논의하고 결정할 일이 과연 있을까? 그것도 월요일 업무 시작 1시간 전에 말이다.

회의는 같이 일하는 협업의 가장 보편적인 방법이다. 그렇다면 임원회의에서는 제대로 협업을 하고 있을까? 사장의 훈시라면 공지 사항으로 알리면 될 일이다. 회의 때마다 매번 "회사에 바라는 것은?", "지원해줄 것은?"을 묻지만, 임원쯤 되는 사람들이 그 자리에서 이런 저런 요구 사항을 말하는 것은 경륜상 어울리지 않는다.

종종 외부에서 온 신입 임원이 순진하게 말하곤 한다. 하지만 몇 번의 임원회의를 거치다 보면 말수가 줄어들게 된다. 계속 말한다면 눈치가 없는 것이다. 그러다가는 조만간 임원회의 참석자 명단에서 빠질 수도 있다.

사장은 말하고 임원은 받아 적는 모습은,
협업이 없었던 박근혜 전 대통령의 국무회의에서 자주 본 광경이다.

별일 없으면 임원회의를 안 하는 것이 맞다.

중요한 사항은 얼굴을 맞대고 논의해서 결정하는 것이 필요할 수 있다. 하지만 이해관계자가 빠진 상태에서 의사결정을 하는 것은 결국 문제가 된다. 코로나19가 끼친 영향 중 하나는 꼭 얼굴을 맞대지 않아도 일을 할 수 있다는 인식이 퍼진 것이다.

채팅과 영상회의에 익숙한 MZ세대의 디지털 도구 활용을 임원회의에도 적용해보자. 본부장, 사장급도 심지어 친구들과 카카오 단톡방에서 대화를 하고 네이버 밴드에서 동창회를 하는데, 임원회의라고 못하겠는가. 보안이 문제라면 사내 전용 협업 툴에 임원회의 방을 만들어서 회의 자료를 공유하고, 댓글로 의견을 붙여서 소통하고 의사결정을 하면 된다.

그래도 다 같이 모여야 한다면 목적을 분명히 한다.

때로는 사장이 자신의 생각을 임직원들에게 각인시키기 위한 자리도 필요하다. 이런 경우, 모두 모이도록 해야 한다. 사장의 표정, 말의 강약을 직접 듣게 하는 것이 글보다 훨씬 효과적이기 때문이다. 월요일 아침에 1시간 정도 사장과 소통하는 시간이 다른 무엇보다 소중할 수도 있다.

사장이 내린 지시 사항의 이행 정도를 공유하는 것도 나름 의미가 있다. 임원들 간에 경쟁과 자극이 될 수 있기 때문이다. 시간이 부족한 임원들을 기왕 모이게 했으니, 서로 돕도록 격려하고 조정하는 (Facilitating) 자리가 된다면 좋을 것이다. 사장이 보고 있으니 잘 협력하는 모습을 보이려고 노력할 것이다. 어려운 점이 있거나 다른 임원에게 불만이 있다면 그 자리에서 말할 수 있도록 해야 한다.

이슈가 없다면 그냥 차나 한잔하면서 담소하는 자리로 만들어 보는 것도 좋다. 편안한 마음으로 이야기를 나누다가 중요한 의사결정을 할 수도 있기 때문이다. 그리고 월요일 임원회의를 종종 생략해 보자. 가족과 함께 하는 편안한 일요일 저녁이 될 것이다.

**MO    TU    WE    TH    FR**

협업 회의는 목요일이 좋을 수 있다. 잘 끝나면 하루 뒤 즐거운 주말이 될 것이고,
부족한 점이 있다면 보완할 시간이 하루 더 있기 때문이다.

## 협업을 위한 비우고 채우기

의미 있는 임원회의가 되도록 하자는 생각만큼은 모든 사장이 하고 있을 것이다. 그래서 미리 주제를 정해서 공지하기도 한다. 그럼에도 타성에 젖어 하고 있는 건 아닌지 돌아봐야 한다. 임무를 나누어 잘 하고 있고, 같이 의논할 것도 없거나 전체가 아닌 일부에만 해당하는데도 모든 임원을 모을 필요는 없다.

특정 부분에 대한 이슈를 관련 없는 임원들이 참여해서 해결 방안을 찾는 경우도 물론 있기는 하다. 그러나 그것은 그렇게 할 준비가 되어 있을 경우에만 해당한다. 협업팀이 성과를 내려면 역할 없는 구성원들을 제외할 필요가 있다.

### ✕ 실패 사례

대한상공회의소가 2017년 2월에 직장인 1천 명을 대상으로 국내 기업의 회의 문화에 대해 조사한 적이 있었다. 거기서 드러난 문제점으로는 다음 세 가지가 있었다.

(1) 다 모아! 많은 인원이 모이면 뭐라도 나올 것 아니냐는 다다익선.
(4) 일단 모여! 일단 모여서 이야기하다 보면 뭐라도 나올 것 아니냐는 습관성.
(5) 넌 대답만 해! 상사가 발언을 독점하는 회의. 본인이 하고 싶은 말만 하고 듣지는 않는 회의. 행정부와 입법부 사이에 협업을 찾아보기 힘든 국정감사가 대표적이다.

✓ 성공 사례

문재인 대통령은 월요일 아침 일찍 회의를 하면 일요일에 근무를 하게 되니 월요일 오후에 회의를 하는 것이 어떻겠냐고 제안했다.

그룹웨어와 같은 협업 도구를 이용하면 같은 시간, 같은 장소에 모이지 않아도 된다. 그룹웨어에 의견이 필요한 사안을 게시하면, 여러 사람이 댓글을 다는 방식으로 회의의 효과를 낼 수 있기 때문이다.

의사결정을 위한 투표 등의 도구도 쉽게 쓸 수 있다. 삼성전자는 '모자이크'라는 온라인 협업 도구를 활용해 개방형 토론, 새로운 아이디어 제안, 누구나 묻고 대답하기 등으로 다수의 사람들이 지적 활동을 하도록 함으로써 집단지성의 성과물을 얻고 있다.

# 02. 시작하기 vs. 그만하기

아이디어가 풍부한 대기업 A전무는 회사 출근이 바쁘다. 하고 싶은 일도 있고, 해야 할 일도 많다. 시작하는 일은 넘쳐 나는데, 대부분 흐지부지되어 버리는 것이 고민이다.

빙하기에서 살아남은 호모 사피엔스는 사냥을 해야만 먹고살 수 있었다. 추운 날씨도 견뎌야만 했다. 그러나 매일 사냥에 성공할 수는 없었다. 오늘은 먹을 수 있었지만, 다음은 언제 먹을지 기약할 수 없었다. 많은 호모 사피엔스가 굶어 죽었다.

그렇다면 살아남은 자들은 남들보다 강했던 것일까? 아니다. 굶주림을 잘 견딘 자가 살아남았다. 영양분을 잘 비축하는 '비만'한 자가 생존한 것이다. 우리는 이렇게 살아남은 호모 사피엔스의 후손이다. 먹으면 엉덩이와 배로 가는 이유다.

우리의 조상 호모 사피엔스에게 비만은 생존 요소였다.

호모 사피엔스에게는 모든 것이 부족했다. 지방뿐 아니라 포도당과 나트륨도 부족했다. 섭취만큼이나 저장을 잘 하는 사람만이 생존했고 유전자가 이어졌다.

21세기를 사는 인류에게 섭취는 특수한 상황으로 변화되었다. 필요한 양보다 넘치는 상황이 되었다. 포도당이 넘치면 당뇨병이, 나트륨이 넘치면 고혈압이 생기게 되었다. 지방이 넘쳐 고지혈증이 생기면 각종 혈관 질환이 나타났다. 이런 상황임에도 저녁 10시쯤 되면 뇌는 배고프다는 신호를 보낸다. 부족한 상황에 대비하라고 뇌가 보내는 명령이다.

꼭 필요한 사람으로(Slim) 팀(Team)을 구성해서 모두(All) 함께 달려야(Run)
협업의 목표(Target)를 달성할 수 있다. START하자.

## 넘치는 것은 사람만의 문제가 아니다.

우리가 겪어 온 산업화는 부족한 것을 채우는 나날의 연속이었다. 호모 사피엔스에게 섭취가 생존이었던 것처럼 말이다. 우리는 상품을 만들고 파는 과정에서 계속 채워 왔다. 그렇게 해서 사업이 확장되고 승진도 했다. 아침에 일어나 회사에 가면서부터 무엇인가 해야 하는 것은 생존 법칙이었다.

크고 작은 시작(Kick Off)이 매일 전사적으로, 부서 내에서 생겨난다. 하지만 마무리되었다는 종료 선언(Wrap Up)은 거의 없는 것이 현실이다. 모두 잘 된 것일까? 끝내지 않은 시작은 어떻게 작용하고 있는지 살펴볼 필요가 있다.

## 필요 이상으로 부지런을 떨지 말자.

사람의 몸이 에너지를 만들고, 힘을 쓰고, 잘 작동하려면 포도당, 지방, 나트륨이 필수적이다. 우리 회사도 잘 작동하려면 필수적인 것들이 있는데, 오히려 넘치고 있다. 기업도 넘치면 동맥경화나 암이 발생하고, 심장이 마비된다. 과유불급(過猶不及), 넘치는 것은 부족한 것만 못하다. 넘치는 세상에서는 하나를 줄이는 것이 하나를 시작하는 것만큼이나 중요하다. 넘치는 그것을 제거하는 몫은 다름아닌 사장에게 있다.

협업 툴에 '오늘부터 그만할 것'이라는 팀룸을 만들어 보자. 사장이 시작한 다이어트는 회사의 기름기와 뱃살을 빼 혈관을 튼튼하게 만들고, 심장을 건강해지게 만든다. 단, 잘못된 사용, 즉 남용(濫用)을 해서는 안 된다. 비용 절감을 위해 사원 복지를 줄인다면 직원들은 회사를 외면하게 될 것이고, '하지 말자'를 또 다른 '하자'로 받아들이게 될 것이다.

전략적으로(Strategic) 꺼서(Toggle) 기회를(Opportunity) 챙기는(Pick) 것도
협업으로 얻을 수 있는 성과다. STOP하자.

## 협업을 위한 비우고 채우기

중견 기업의 C사장은 조찬에 열심히 참석해 배움의 끈을 놓지 않고 있다. 직원들은 사장이 조찬회에 참석하면 인상을 쓴다. 오늘 새로 시작하는 무엇이 있을 것이기 때문이다. 조찬회 참석 횟수만큼 시도한 다양한 경영 방법론이 회사의 동맥을 딱딱하게 만들 수도 있다. 진행 중인 협업 팀에 계속해서 새로운 임무를 주어서는 안 된다.

### ✕ 실패 사례

경쟁 제품을 이기기 위해 기능을 하나라도 더 붙여 보자는 유혹에 빠지기 쉽다. 너희는 한 가지만 가능하지만, 우리는 세 가지가 가능하다고 내세운다. 그런데 가능한 이 세 가지가 모두 쓸모없다는 것이 문제다.

단순한 디자인으로 유명한 '구글'이 이렇게 만들었던 서비스가 바로 '웨이브'다. 사람들이 알고 있는 구글 웨이브는 '이메일이나 인스턴트 메시징, 블로그, 위키, 멀티미디어 관리, 문서 공유 등 핵심 온라인 기능을 통합한 협업 및 기뮤니케이션 도구'다.

유명한 칼국숫집에 가면 칼국수만 판다. 만두 정도를 곁들일 수는 있다. 칼국숫집에서 추어탕, 순댓국까지 판다면 칼국수가 맛있을 가능성은 거의 없다.

## ∨ 성공 사례

'애플'의 스마트 기기는 단추가 하나다. 있으면 좋은 것이 아니라 없을수록 좋다는 미너멀리즘(Minimalism)으로 탄생했다. 단순함과 간결함을 추구하는 중국의 '샤오미'는 꼭 필요한 기능으로 넘치지 않게 만들면서도 적정한 가격으로 고객들에게 만족을 주고 있다. 편의점에서 살 수 있는 '혜자스러운(가성비 좋은)' 도시락도 적정한 가격으로 부담 없이 먹을 수 있게 했다.

미국의 '사우스웨스트 항공'은 경쟁이 치열해지면서 점점 많아지는 서비스를 오히려 줄였다. 단순화한 마케팅 전략으로 항공사라는 업(業)의 본질적 서비스에 충실한 저가 항공 시대를 열었다. 협업은 단순히 가짓수를 늘리기 위해 하는 것이 아니다.

# 03. 방전 vs. 충전

중견 기업 B사의 사장은 직원의 휴가가 걱정이다. 법대로 모두 쓰면 사실상 한 달 정도가 휴무일이 되므로 인건비가 8%나 상승하는 결과를 초래하기 때문이다. 휴가를 잘 보내주는 좋은 사장이라는 소리는 듣고 싶은데 말이다.

휴대용 기기가 늘어나면서 충전이 일상화되었다. 스마트폰, 아이패드, 블루투스 이어폰을 선 없이 편리하게 충전하는 방법도 점차 늘고 있다. 많은 사람이 빨리 충전하는 방법만 생각할 것이다. 하지만 충전을 빨리 하려면 방전 속도도 높여야 한다. 방전이 빨리 되는 만큼 기기에 전력을 많이 줄 수 있고, 출력도 강하게 할 수 있기 때문이다.

### 방전이 빨라야 속도가 올라간다.

전기차가 빠른 속도를 내기 위해서는 전기를 많이 써야 한다. 이는 방전 속도가 빨라야 한다는 것을 의미한다. 자동차의 출력이 높아짐에 따라 속도도 올라간다.

요즘 많이 갖고 다니는 휴대용 배터리를 생각해 보자. 우선 배터리에 충전을 해야 한다. 그런데 충전 속도가 빠르다고 가정해 보자. 배터리로 다시 스마트폰을 충전해야 하는데, 배터리 방전이 빠르지 않으면 충전을 빨리 할 수가 없다. 결국 휴대용 배터리는 충전과 방전 기능이 모두 좋아야 한다.

에너지를 공급해야 빛을 낼 수 있다. 협업팀에도 신바람이 나도록 에너지를!

니켈수소는 충전할 때 열이 나고, 리튬이온은 방전될 때 열이 난다. 니켈수소는 다 쓰지 않은 상태에서 자주 충전하면 충전량이 줄어든다. 기억효과 때문이다. 반면에 리튬이온은 충전량이 줄지 않는다고 알려져 있다. 그렇다면 리튬이온은 자주 충전해도 오래 쓸 수 있는 것일까?

충전하는 만큼 수명이 줄어든다.

리튬이온은 완전히 방전될 때까지 쓰지 않는 것이 좋다. 자주 충전해도 수명이 줄지 않는다는 것은 자연법칙을 거스르는 것이다. 충전하는 만큼 수명이 줄어야 물리 원칙에 부합한다. 방전이 잘 되어야 충전도 잘 된다.

"일한 당신, 떠나라"라는 광고 문구처럼 사람은 일하고 난 후에는 쉬어야 한다. 그것도 아주 잘 쉬어야 한다. 쉬는 속도만큼 일하는 속도도 빨라지기 때문이다. 혹시 쉬는 만큼 성과가 떨어지지 않을까 걱정되는가? 팀원이 니켈수소형인지 리튬이온형인지 생각해 보자. 리튬이온형이면 성과가 떨어지지 않을 것이다. 하지만 충전을 할수록 수명이 떨어지는 것처럼, 일도 하면 할수록 일하는 수명이 떨어지는 것이 섭리(攝理)가 아닐까.

15%   40%   80%   100%

스마트폰의 배터리가 방전되어 한 칸만 남으면 얼른 충전해야 한다는 생각이 드는 것처럼,
협업팀의 에너지도 한 칸만 남으면 충전시켜 줘야 한다.

큰 문제는 오히려 임직원이 매일 출근하는 상황이다.

MZ세대와 함께 일하는 본부장도 휴가를 통한 충전에는 전적으로 동의한다. 휴가 기간 동안의 공백이 걱정될 뿐이다. 그래서 중간관리자가 휴가를 가게 되면 "업무 공백은 어떻게 메울 건가요?", "문제는 없나요?"라고 묻는 것이다.

이런 경우, 중간관리자가 문제없다고 답하기는 쉽지 않다. 휴가 기간 동안 아무 문제가 없으면 자신의 존재 가치도 사라질까 걱정되기 때문이다. 이렇게 하다 보면 사장과 본부장, 중간관리자는 암묵적으로 자리를 지켜야 한다고 결론이 내려지고, 직원들도 같은 상황에 직면하게 된다.

기업에서 일상적인 업무는 정해진 프로세스와 규칙(Rule)에 따라 정형화되고, 작동해야 한다. 비정형적이고, 돌발적인 상황이 발생하지 않는다면 일주일은 굳이 사람이 없어도 아무 문제가 없도록 체계를 갖추어야 한다. 사람이 없으면 회사에 문제가 생기고, 기업이 멈출 정도라면 그야말로 큰 문제(Big Trouble)가 아닐 수 없다.

MZ세대는 회사가 정해진 프로세스와 규칙에 의거하여 운영되기를 바란다. 어떤 상황이든 프로세스와 규칙이 규정대로 작동한다면 본부장은 위와 같이 물어볼 이유가 전혀 없다.

## 협업을 위한 비우고 채우기

너무 고생한 우리 팀원을 위로하기 위해 회식부터 생각하는 F전무! 하지만 사실 그것은 자신을 위로하기 위함이다. 팀원을 위한다면 외식 상품권을 주고 집에 보내는 것이 좋다. 가족과 함께 쉴 수 있도록 해주어야 한다. 협업팀에 한 번씩 멀리서 돌아볼 수 있는 기회를 주어야 숨어 있는 문제를 발견할 수가 있다.

### ✕ 실패 사례

초우량 기업 S전자는 근무 강도가 세기로 유명했다. 무한경쟁 중인 모바일 사업부는 회사 내에서 성과급은 많지만, 근무 시간이 긴 것으로 악명이 높았다. 심지어 개인 시간이 일요일 오후뿐인 경우도 많았다. 근무 시간이 길어지는 만큼 업무의 질이 점점 떨어지고 있다는 점은 애써 외면했다.

S전자의 업무 시작은 사실상 오후 4시였다. 이때부터 팀장이 일을 챙기기 시작해 저녁을 먹은 후 본격적인 업무로 이어지고, 밤 10시가 되어야 끝났다. 다음 날 정시에 출근하지만, 커피 마시고, 동료와 잡담하고, 인터넷에서 정보를 찾다 보면 점심시간이 돌아왔다. 점심을 먹고 쉬다 보면 오후 4시가 되고, 다시 업무가 시작되었다. 팀장이 토요일에 출근하니 팀원도 나와야 했고, 일요일도 나올 때가 많았다. 경쟁사 제품을 따라잡았다고 생각할 무렵, 제품에 문제가 생기기 시작했다.

지금의 S전자는 유연근무제를 통해 출퇴근 시간을 자율화하면서 업무의 질을 생각하고 있다. 협업 역시 근무 시간으로 측정해서는 안 된다.

## ✓ 성공 사례

성균관대학교 축구팀의 설기현 감독은 예고에 없던 갑작스러운 은퇴와 자격증 문제로 부임이 매끄럽지 않았다. 어렵게 축구팀을 맡은 설 감독은 하루 1시간 10분 이내로 단체 훈련을 하고, 주말에는 무조건 휴식을 취하도록 했다.

축구는 팀 운동이다. 팀 훈련은 매우 중요하다. 그러나 팀 훈련만 하면 개인이 부족한 점을 채울 시간이 없다. 또한 주말에 쉬지 않고 운동을 한 선수는 휴식을 취한 선수에 비해 월요일에 움직임이 둔해진다.

설 감독은 개인 기량을 높일 수 있는 기회를 주지 않고는 팀의 기량을 높일 수 없다는 원리를 실천했다. 그 결과, 성균관대학교는 2015년부터 4강, 준우승, 우승을 이어갔다.

# 04. 완벽 vs. 적정

중견 기업 B사의 임직원들은 회사에 이런 조직, 저런 조직이 있어야 하고, 제품에는 이런 기능, 저런 기능이 있어야 시장에서 팔 수 있다고만 말한다. 자신이 못하고 있는 이유는 조직이 없고, 기능이 없기 때문이라고 생각하고 있다.

우리는 세심하고 끈질긴 품질 추구로 얻어낸 성공 사례를 주변에서 많이 찾아볼 수 있다. 2020년에 출시된 아이폰12와 갤럭시S21은 점점 완벽해져 가는 기능과 품질을 보여주는 것 같았다. 매년 새로운 제품이 출시될 때마다 기능과 메뉴도 점점 늘어나고 있다. 그럼에도 불구하고 많은 사람들의 스마트폰 사용 현황이 여전히 통화, 문자를 기본으로 해서 내비게이션, 카메라 등 주요 기능에 한정되어 있는 것을 볼 수 있다.

사무실에서 쓰는 마이크로소프트의 액셀도 마찬가지다. 여러 가지 기능 중 실제로 사용하는 부분은 매우 한정적이다. 과도하게 기능이 많다는 것은 그만큼 불필요한 기능으로 만들어진 제품이라는 뜻일 수도 있다.

협업 능력이 일정 수준을 넘으면 순위는 의미가 없다.

완벽이 필요할 때만 완벽해야 한다.

반면에 하나라도 빠지면 제품 자체가 필요 없는 경우도 있다. 도청 탐지기가 그렇다. 아예 도청을 방지하면 좋겠지만 이는 쉽지 않다. 도청은 음성을 직접적으로 탐지해 청취하는 방법과 청취된 음성을 전파로 정해진 기기에 전달하는 방법이 있다.

음파를 탐지할 수 없거나 전파가 차단된 장소에서 대화를 하면 도청이 방지된다. 그러나 그렇게 도청이 방지된 장소에서만 대화를 할 수는 없는 노릇이기에 탐지해서 도청으로 인한 피해를 최소화해야 한다. 이때 도청 탐지를 위한 기기가 하나의 주파수라도 놓친다면 아무 쓸모가 없을 것이다.

필요한 기능만으로 만들 것인지, 모든 것에 완벽을 기할 것인지에 따라 제품 개발은 완전히 달라진다. 아이폰12와 갤럭시S21은 모두 뛰어난 제품이지만, 필요한 기능만으로 만들어진 것은 아니다. 그래서 두 배 이상 가격을 지불하고 이 제품들을 구매하기보다 중저가 제품에 눈을 돌리는 고객들이 많은 것이다. 중저가 제품은 필요한 기능만으로 저렴하게 만들기 때문이다.

본질에 대해 소통하고, 불필요한 것을 제거한다.

케임브리지대학교의 '나비 라드주' 교수는 다른 분야에 있는 제3자와의 협업을 통해 차별화된 브랜드를 창출하라고 조언했다. 르노 닛산이 저가용 차를 만들기 위해 루마니아의 '다치아'를 인수해 별도 브랜드를 만든 것이 대표적이다. "당시 차량 개발을 위해 디자인에 민감한 프랑스 디자이너들과 비용에 민감한 루마니아 엔지니어들이 협업했고, 말 그대로 싸고 좋은 차를 만들었다. 부품은 50% 덜 쓰고, 가격은 5,000달러 이하로 맞출 수 있었다"라고 라드주 교수는 말했다.

완벽하지 않아도 되지만, 완료는 해야 한다.

적당히, 대충은 언제 어디서나 우리를 유혹한다. 이 유혹들은 강력하고, 곳곳에 도사리고 있다. '완벽한 제품을 만들 것인지/기획된 기준에 따라 적정하게 만들 것인지'와 '적당한 대충'은 성공과 실패의 갈림길이다. 그런 의미에서 LG는 스마트폰을 적당히 대충 만들어서 퇴출된 것은 아닌지 반성해야 한다.

적당과 대충은 끝맺음이 분명하지 않을 때, 조직의 어두운 그늘에서 바이러스처럼 자라난다. 이때 협업 툴은 대충 끝내는 것을 원천 봉쇄할 수 있는 백신 역할을 한다. 협업 툴을 통해 과제(Task)에 대한 완료 선언을 하도록 해야 한다. 완료가 성공만을 의미하는 것은 아니다. 이제 그만하고 다른 것을 하겠다는 차원의 완료도 좋다. 가장 최악은 실패로 가고 있는 과제를 끝내지 않는 것이다.

나아가 고객과도 끊임없이 반복적으로 '완료'에 대해 소통하고, 협업해야 한다. 고객이 "그만하면 충분하다", "그 기능은 필요 없다"고 말하는데도 과도한 기능과 메뉴로 완벽을 추구할 이유는 없다. 일본의 전자제품이 삼성과 LG에 패한 원인 중 하나는, 고객과 괴리된 장인정신으로 시장의 요구가 아닌 개발자의 요구를 담은 제품으로 승부했다는 것이다.

다양한 관점의 협업을 통해 적정함을 최종적으로 판단해야 한다.

## 협업을 위한 비우고 채우기

모든 것을 갖춰 놓고 시작할 수는 없다. 처음에는 동의하지만, 점차 이것이 없고 저것이 안 된다는 말이 나오기 시작한다. 스포츠에서 MVP는 최우수 선수(Most Valuable Player)지만, 사업에서는 최소 필수 제품(Minimum Viable Product)으로 이해해 보자. 최소한 이것만 있으면 시작해서 진행할 수가 있다. 최소한의 준비만 되면 협업팀을 가동하는 것이 현명하다.

### ✕ 실패 사례

제2차 세계대전 당시 일본은 '제로기'와 같은 비행기도 잘 만들었지만, 여러 크기의 항공모함을 20여 척이나 만든 조선(造船) 강국이었다. 미드웨이 해전에서 주력 항공모함 4척을 잃은 일본 해군은 전함으로 건조 중인 '시나노'를 항공모함으로 개조해 전함과 항공모함의 장점을 갖춘 '완벽해 보이는 항공전함'을 갖게 된다.

제2차 세계대전에 운영했던 항공모함의 배수량은 대개 2만 톤 내외였다. 배수량 7만 2,000톤급의 시나노는 강력한 장갑 능력과 미국 잠수함보다도 빠른 당시 최신·최대·최강의 스펙이었다. 그러나 시나노는 첫 번째 출항에서 잠수함의 어뢰 공격으로 침몰했다. 직접적인 침몰 원인은 어이없게도 부실 공사와 초보 운전이었다. 어뢰 피격은 견뎌낼 수 있었으나, 부실 공사로 격실이 깨졌으며, 배에 탑승한 사관의 90%가 경험이 적거나 아예 없는 신참이었고, 이들 사이에 적절한 협업도 없었다.

### ✓ 성공 사례

검색 서비스는 무료로 사용할 수 있지만, 광고를 봐야 한다. 사용자는 검색을 원하고, 서비스 제공사는 많은 광고가 실리길 원한다. '구글'은 1990년대 중반 야후, 라이코스와 같은 기존 검색 서비스를 능가하는 검색엔진을 개발해 광고 없이 서비스를 시작했다. 경쟁사와 비교해 완벽한 검색이라고 사용자가 인정할 무렵인 2000년에야 비로소 검색 광고를 내놓았다.

'애플'은 2001년 '아이팟'을 만들어 낸 후, 2003년에 '아이튠즈'를, 2008년에 '앱스토어'를 출시해 완벽한 생태계를 조성했다. 완벽한 하나에서 시작한 협업으로 또 다른 완벽을 이끌어 낸 사례다.

# 05. 자신감 vs. 불안감

상사가 같이 일하는 아래 직원에게 이렇게 말한다. 시작하기 전에 보고(의논)하고, 시작할 때 보고(의논)하고, 중간에 보고(의논)하고, 끝날 때 보고(의논)하고, 끝난 후에 보고(의논)하라고. 그러나 이 말을 들은 직원은 매번 불안하다. 얼굴을 마주칠 때마다 할 일이 늘어나고, 수정할 것이 생기기 때문이다. 그래서 '더 격렬하게' 상사에게 아무것도 알리고 싶지 않다.

사람은 누구나 자신에 대해 이러쿵저러쿵 이야기하는 것을 좋아하지 않는다. 공개적으로 좋은 소리를 들을 때보다 비판이나 비난을 하는 이들을 볼 때가 많기 때문이다. 그러면 마음 깊은 곳에서 이렇게 말한다. "아직은 그들에게 보여줄 때가 아니다."

숨기고 싶다, 모든 것이 완벽해질 때까지.

《협업의 기술》이란 책을 보면 다음과 같은 문장이 나온다.
"우리는 본질적으로 동굴에 숨어 일하고, 일하고, 또 일한다. 그러면 누구도 당신이 실수하는 장면을 볼 수 없고, 일을 마무리한 후에 당신의 작품을 세상에 공개할 기회를 잡게 된다. 모든 것이 완벽해질 때까지 숨기면 된다. 불안감이다."

이런 사람은 심지어 나만의 아이디어를 도용당할까봐 걱정한다. 아이디어는 널리 알려야 생명력이 생기는데 말이다. 아이디어를 숨겨서 통제하고 싶은 마음이 앞서게 된다.

우리는 어릴 때부터 나서기보다는 나서지 말라는 교육을 받아 왔다.
나서는 사람이 없으면 협업이 안 된다.

## 나는 지금 이 순간, 올바른 선(線) 위에 있는가?

전산 시스템을 만드는 방법론 중에 '폭포수 모델(Waterfall Model)'이란 것이 있다. 맨 처음에는 사용자의 요구가 있다. 이를 분석하는 것이 첫 번째 단계다. 이어서 설계를 한다. 그리고 나면 설계서에 따라 개발(Coding)하고, 테스트한다. 그 후 이상이 없으면 사용자에게 제출한다. 폭포수 모델은 이렇게 사용자의 요구를 구현하는 '분석-설계-개발-테스트'로 구성된 4단계 방법론을 말한다. 어떤 방법론으로 하더라도 이 네 가지는 본질적으로 같다.

만일 폭포수 모델의 테스트 단계에서 이상이 생긴다면 어떻게 해야 할까? 개발 단계를 다시 실행하면 된다. 그런데 설계가 잘못되었다면 어떻게 해야 될까? 설계를 다시 하고, 개발을 다시 하고, 테스트를 다시 해야 한다. 분석이 잘못되었다면 어떻게 해야 할까? 처음부터 새로 시작해야 한다. 이처럼 자신이 제대로 하고 있는지 제대로 검증을 받지 않는다면 다시 해야 하는 비용이 눈덩이처럼 커질 수밖에 없다.

## 자신감을 갖고 동료의 검토를 받도록 하자.

자신이 제대로 하고 있는지 알 수 있는 방법은 지금 하고 있는 것을 공개하는 것 말고는 없다. 협업에 참여하는 동료는 지금 제대로 가고 있는지 알려주는 잣대 역할을 한다. 초기 단계부터 동료의 검토 (Peer Review)를 받아 바로잡는다면, 나중에 들어갈 비용을 대폭 줄일 수 있다.

일찍 실패하는 것이 나중에 실패하는 것보다 훨씬 유리하다는 것은 두말할 필요가 없다. 이때 동료는 비난 대신 마음에서 우러나는 건설적인 비판을 해주어야 한다. 해결할 구체적인 방법을 알려 주거나, 해결해 주면 더욱 좋을 것이다. 동료의 검토를 마다할 이유도 전혀 없다. 동료의 조언을 받을 수 있는 여건이 마련되어 있다면 놓치지 말아야 한다.

"그것 봐, 내 말이 맞지"는 그렇게 말한 것이 실행되도록
협업해 주고 나서 해야 하는 말이다.

## 협업을 위한 비우고 채우기

사람은 항상 잘못을 저지르는 존재다. 나에게도 허물이 있음을 인정해야 한다. 아무리 옳은 말이라도 형식이 그르면 사람들은 받아들이지 않는다. 지적만 하는 동료가 있다면 아침 인사조차 피하고 싶어진다. 흠을 서로 메워 주는 동료의 검토로 문제가 해결된다면 하지 말라고 해도 협업을 하자고 나서게 될 것이다.

### ✕ 실패 사례

2000년대 초까지 대학 커뮤니티 중 가장 활성화되었다고 평가받은 S대 커뮤니티는 10여 년간 회원이 줄면서 신입생이 유입되지 않고 있다. 그 이유 중 하나는 '싫어요'가 일정 수준에 도달하면 자동 삭제되는 게시판의 규칙 때문이다. 특정 성향이 강한 사용자들은 일관되게 '싫어요'를 선택해 게시물을 한 방향으로 이끌어 버렸다. 결국 다양성을 잃은 커뮤니티는 비슷한 생각을 하는 소수만 남게 되었다.

대한항공 조현아 부사장은 1등석에 견과류 제공을 잘못된 것으로 인식했다. 경영진으로서 그녀는 잘못된 서비스를 바로잡고 재발하지 않도록 매뉴얼을 점검해 재교육을 실시하면 되었다. 하지만 그 대신 그녀는 승무원을 무릎 꿇리고, 비행기를 회항시켜 강제로 내리게 했다. 승무원은 조 부사장 같은 경영진을 만나는 것 자체가 스트레스며, 완벽해질 때까지 모든 것을 숨기고만 싶어질 것이다.

협업의 비용은 숨기는 과정에서 발생한다. 다양성을 막은 채 협업에서 성과를 얻을 수는 없다.

### ✓ 성공 사례

'페이스북'에는 '싫어요'가 없다. '싫어요'는 상처를 주고, 상처를 받으면 사람들은 페이스북을 떠나기 때문이다. '좋아요'만 있던 페이스북에 최근 '슬퍼요'나 '화나요'처럼 공감할 수 있는 버튼이 새로 생겼지만, 여전히 '싫어요'는 없다.

장시간의 회의, 격식을 갖춘 이메일, 장문의 보고서 대신 언제 어디서나 의견을 나누는 것이 오히려 적극적인 소통과 협력을 이끌어 내는 협업의 돌파구가 된다. 우리는 "시공 현장이 얼마나 진행되고 있나요?", "이번 광고 시안은 어때요?", "아, 그거 제가 깜박했네요"와 같은 소통과 협업의 사례를 네이버 밴드(http://promotion.band.us/bandstory)를 통해 확인할 수 있다.

# 06. 경쟁 vs. 협동

아이를 둘 이상 낳는 가정이 점점 줄어들고 있다. 그럼에도 불구하고 아이를 키우기는 여전히 어렵다. 우리가 겪은 치열한 경쟁에서 뒤처지지 않도록 하기 위해 아이들에게 모든 노력을 쏟아야만 하는 세상이다.

1등이 아니면 기억하지 않는 세상이라고 외치는 개그맨이 있었다. 웃자고 한 이야기였겠지만, 씁쓸하지 않을 수 없었다. 심지어는 1등만 기억한다는 광고도 있었다. 1등을 하고야 말겠다는 의지를 보여주면서 상품을 사달라고 했다. 1등을 위한 경쟁! 과연 그만큼 효과가 있는 것일까?

경쟁은 분명히 효율적인 시스템이다. 개인의 모든 역량을 쏟아붓게 하기 때문이다. 요즘은 문학을 하거나 고시에 도전하는 등 철저히 개인적인 경우가 아니라면 혼자서 이룰 수 있는 것이 거의 없는 것 같다. 노벨상 중 과학 분야는 최근 들어 2인 공동 수상이 보편화되어 가고 있다. 그것을 보았을 때, 경쟁이란 협동을 전제하지 않으면 그 효과성이 지극히 개인적 분야에 한정된다고 보아야 하겠다.

1등은 오직 한 명이라는 생각이 협업에 걸림돌이 되고 있다.

## 1등만 기억하는 세상, 나 혼자 1등이 될 수 있을까?

최근 들어 한 분야를 깊게 판 두 사람이 만나 협동하면 좋은 결과가 나오는 세상이 되어 가고 있다. 이른바 통섭(通渉)이다. 통섭은 사물에 널리 통하고, 서로 사귀어 오고 감이 있다는 뜻이다. 더욱 좋은 결과를 얻기 위해서는 우리 그룹 내에서는 협동하고, 다른 그룹과는 경쟁하는 구도가 되어야 한다. 축구에서 하나의 포지션을 차지하기 위한 경쟁은 치열하지만, 다른 포지션과의 협동은 필수인 것과 같다.

## 나가서 어울려야 이길 수 있다.

형제자매라고 해봐야 하나만 있거나 그마저도 없는 요즘이다. 그런 아이들이 살벌한 경쟁에서 이기기 위해 끊임없는 노력을 하고 있다. 부모들도 자신의 자녀가 좀 더 나은 대접만을 받기 원할 뿐, 더불어 잘 살기 위해 협동심을 기르는 데는 무관심한 편이다.

더욱이 요즘은 혼자 놀 수밖에 없는 환경이 점점 많아지고 있다. 아파트 앞에서 여럿이 모여 술래잡기를 하는 아이들도 찾아보기가 힘들다. 아니, 아예 없다. 심심해서 도저히 견딜 수 없을 때, 옆집 친구를 만나기보다는 컴퓨터를 켜거나 스마트폰을 보는 것이 훨씬 쉽고 흥미로운 세상이 되었다.

이런 세상에서 우리 아이가 협동을 잘 하는 사람으로 성장한다면 오히려 성공할 가능성이 높지 않을까? 자녀를 밖으로 내보내야 할 이유다. 협동, 즉 협업을 잘 하는 아이가 성공할 수 있다.


조직에서의 성공은 혼자서 이룰 수가 없다.


기업에서도 협업을 잘 하는 임직원이 성공할 가능성이 높다. 독불장군(獨不將軍)은 혼자서는 장군이 될 수 없다는 말이다. 보상을 따지기 전에 협업이 있어야 한다. 하지만 높은 성과에 대한 보상과 평가에서 지원해 준 동료들이 제외된다면 협업은 지속될 수 없다. 잘 차려진 밥상에 숟가락 하나 올린 것이라는 배우 황정민의 수상 소감처럼 협업에 참여한 동료들은 제대로 된 평가를 받아야 한다.

혼자 하는 마라톤은 완주하기가 매우 어렵지만, 호흡을 맞추는 협업을 하면 완주가 가능하다.

1등을 위한 경쟁은 외롭고 힘들다. 지금은 폐지된 서울대학교 법대는 전국에서 1등만 모인 곳이었다. 여기서도 1등을 위한 경쟁을 한다면 1등 외에 나머지 모두에게는 슬픈 일이 아닐 수 없다. 1등부터 70만등까지 줄을 세웠던 학력고사 시절에 서울대학교 입학생의 출신 학교를 보면 연세대학교가 가장 많았다는 소위 '웃픈' 이야기는 경쟁만이 강조된 우리 사회의 단면이 아닐 수 없다. 협업팀에는 공동 1등만 존재한다.

## ✕ 실패 사례

내부 경쟁은 효과적인 경영 수단일 수 있으나, '부서 이기주의'의 폐해로 실패하기 쉽다. 과거 세계 최고의 전자 회사였던 일본의 '소니'는 사업부가 별도로 독립적인 권한을 가지고 개별적인 경쟁력을 확보해 긱각 1등을 유지하는 전략을 수립했다. 그들이 만든 온라인 음악 다운로드 서비스는 소니의 미국 사업 부문과 도쿄의 개인용 컴퓨터 사업 부문이 동시에 개발했다. 그 후 협업이 약화된 두 사업의 경쟁과 견제로 한쪽은 MP3 파일을 거부한 채 자사의 휴대용 기기에서만 지원되는 ATRAC 파일을 고집했으며, 다른 한쪽은 '아이튠즈'와 같은 음악 플랫폼에도 적절히 대응하지 못했다.

많은 나라가 외국 관광객의 소비를 장려하기 위해 부가가치세 등의 세금을 면제해 주고 있다. 각국은 면세 물품을 자국 내에서 유통하면 시장이 교란되기 때문에 보통 특정 지역이나 허가된 매장에서 구매할 수 있도록 하고 있다. 우리나라는 시장 교란을 방지하기 위해 시스템적 협업보다는 내부 경쟁에 의해 면세점을 허가해 주고 있다. 반면에 일본은 일정 조건이 되면 누구나 외국 관광객에게 면세로 물건을 판매할 수 있다. 일본은 면세품 판매와 만족도가 증가하는 반면, 우리나라는 과다한 경쟁으로 면세점의 수익률이 감소하고 있을 뿐만 아니라 관광객의 만족도도 하락하는 추세다.

## ✓ 성공 사례

고도 성장기에는 1등부터 꼴찌까지 줄을 세우는 평가가 유효했다. 1등은 계속 새로운 먹거리를 찾을 수 있었다. 성장이 둔화된 현재 시점에서 상대평가는 오히려 경쟁의 폐해를 키울 수 있다. GE, 마이크로소프트, 어도비(Adobe Systems) 등 글로벌 기업들은 성숙기에 접어든 경영 환경과 경쟁 여건에 따라 상대평가를 폐지하고, 절대평가를 도입해 기업의 성장을 이어가고 있다.

구성원들을 평가한 점수를 기준으로 층을 쌓듯이 서열화한 '스택 랭킹(Stack Ranking)'을 주도했던 GE조차도 2015년에 상대평가를 폐지했다. 마이크로소프트는 2013년 면담에 기반한 '커넥트 미팅(Connect Meeting)'이라는 평가 제도를 도입하면서 지난 10년간 유지해 온 상대평가 제도를 폐지했다. 어도비는 2012년에 관리자의 코칭과 피드백을 기초로 한 '체크인(Check-In)'이라는 평가 방식을 도입하면서 경쟁보다는 협력에 대한 가중치를 높이고, 상대평가를 폐지했다.

# 07. 남부러운 자 vs. 남부럽지 않은 자

한 중견 기업의 B사장은 다른 회사 사장이 부럽다. 그 회사는 수주도 척척 해낸다. 특별한 이유도 없는 것 같은데, 영업이익도 자기 회사보다 거의 두 배나 높다. 그 회사 생각만 하면 밥맛도 없어지고, 배가 살살 아파 온다.

예로부터 우리는 배고픈 것은 참아도 배 아픈 것은 참지 못했다. 사촌이 땅을 사면 축하할 일이지 배 아플 일이 아닌데도 배가 살짝 아픈 것은 어쩔 수가 없다. 그러나 이렇게 배 아픈 상황은 꽤 자극적인 동기로 작용한다. 사촌보다 못할 것이 없기에 목표가 생기고, 그것을 이루기 위해 노력하게 된다. 우리 경제가 발전한 이유일 수 있다. 배 아프지 않으려고 무리하는 사람들이 가끔 눈살을 찌푸리게 하는 경우가 있기는 하지만 말이다.

요즘 아이들은 최신형 스마트폰을 갖고 싶어 한다. 과거에는 다양한 디지털 기기가 존재했다. PMP, PSP, MP3, 전자사전, 어학기, 디지털카메라 등 가지고 다닐 만한 것이 정말 많기도 했다. 그러나 이 모든 것은 스마트폰이 등장하면서 하나로 귀결되어 버렸다.

서로를 시기한다고 해서 내 몫이 커지는 것은 아니다.
협업은 내가 잘 하는 부분에 더욱 집중하는 것이다.

### 최신형 스마트폰을 어떻게 사달라고 해야 할까?

값비싼 최신형 스마트폰을 갖고 싶은 아이들은 부모님께 어떻게 이야기할까? "엄마! 저 갤럭시폰 사주세요. 그걸로 음악 듣고, 동영상 보고 놀고 싶어요"라고 한다면 엄마에게 야단만 맞을 것이다. 그래서 길동이는 이렇게 한다.

"엄마! 갤럭시폰 사주시면 인터넷 강의를 들을 거예요. 스마트폰에는 영어사전이 들어 있어서 영어 공부에도 도움이 돼요."

최소한 이 정도는 되어야 엄마들은 음악을 듣고, 동영상을 볼 것을 알지만 반쯤 속아서 사주게 된다. 다음 학기에 몇 등이 더 올라야 한다는 등의 이런저런 조건을 달고 말이다.

춘향이는 조금 다른 방법을 쓴다.

"엄마! 다들 갤럭시폰 샀어요. 제 짝도 있고, 위아래층 애들 모두 갖고 있는데, 저만 없어요. 다들 그걸로 공부한단 말이예요."

이 말을 듣는 순간, 엄마는 안 사주기 어려워진다. 아이를 남부러운 상태로 둘 수 없기 때문이다. 이렇게 해서 갤럭시S21을 사주면 남부럽지 않은 아이가 되는 것일까? S22가 나오고, S23이 나오면 또 어떻게 해야 할까? 이와 같이 단순히 물질적인 충족에서 비롯된 남부러움은 배 아픔일 뿐이다.

남부러운 마음으로 채우면 평생 배 아프다.

내일의 나에 대한 부러움은 훌륭한 동기부여가 된다. 어제의 나보다 오늘의 나를 튼실하게 채우기 위해 노력하게 된다. 어제보다 오늘이, 그리고 내일이 나아질 것임을 상사와 동료, 후배들은 알아보게 된다. 그러니 같이 하는 그들을 믿고, 내가 잘 하는 것을 확실하게 추진해 보자. 나머지는 그들이 생산과 협업으로 도와줄 것이다.

협업을 통해 내가 잘 하는 쪽에 주력해야 한다.
내가 못하는 부분은 협업 팀원이 잘 해주고 있기 때문이다.

## 협업팀을 위한 비우고 채우기

우리나라에서는 중산층을 30평대 아파트에 배기량 2천cc 자동차 정도는 보유하고 있어야 한다는 등의 물질적인 요소로 판단한다. 소나타에서 바라보는 그랜저, 제네시스, 에쿠스는 나를 배 아프게 한다. 그러나 에쿠스를 타도 불행하다. 앞에 BMW7 시리즈가 달리고 있기 때문이다.

이런 배 아픔은 우리에게 에너지로 작용한다. 그러나 행복해질 수는 없다. 자동차도 없고, 30평대 아파트도 없는 히말라야 산맥 부근의 부탄 사람들이 세계에서 가장 행복감을 느끼고 있다고 한다. 끝없는 협업은 피곤하다. 한 번씩 만족하자.

### ✕ 실패 사례

'갑질' 행위는 삐뚤어진 우월의식에서 시작된다. 이에 대해 배재성 KBS 해설위원은 다음과 같이 말했다.

"갑질 행위는 자신의 지위와 직업을 자신의 가치와 동일시하는 데서 나온다. 흔히 자기보다 지위가 낮은 사람이 자신을 존경하지 않는다고 느끼거나 공손하지 않다는 사실에 격분해 모욕감을 주는 것이다. 자신의 분노나 억울함, 짜증이나 우울 등의 감정을 약자에게 전가해 우월감을 확인하는 것이 본질이다."

열등의식의 다른 쪽 얼굴(反面)인 우월의식은 회사 내에서 피해자를 양산한다. 한국일보에 따르면, '회사로부터 갑질을 당한 경험'을 조사한 결과, 응답자의 75.9%가 '경험이 있다'고 답했다고 한다. 직장인들이 느끼는 회사의 부당한 갑질 1위는 '보상 없는 주말, 휴일 출근'(57.4%, 복수 응답)이었다. 다음으로 '강제 야근'(47.4%), '회사 행사 강제 동원'(40.3%)이 뒤를 이었다. 협업의식 없이 상급자의 우월적 지위에서 발현된 '갑질'에 의해 이루어진 업무 수행은 스스로 아무것도 할 수 없다는 자괴감과 무기력만 남긴다.

## ✓ 성공 사례

가수이자 작곡가에 프로듀서이자 성공한 사업가인 윤종신 씨는 SBS 프로그램 '강심장'에 출연해 "제가 음악의 전반적인 것을 아는 양 비쳐지는데, 전 피아노도 존박만큼 못 치고, 기타도 기타리스트들처럼 못 치고, 허각처럼 고음을 부를 수 있는 가수도 아니다"라면서 데뷔 때부터 갖고 있던 '엘리트' 이미지에 대한 부담감을 고백했다. 게다가 '015B' 시절, 멤버들이 명문대 출신인 덕분에 자기까지 지적인 사람이라는 이미지가 생겼다며 공부 잘 하는 사람들이 음악도 잘 하는 것을 보고 열등감을 느꼈다고 털어놓았다. 그는 그런 열등감 아래 집요하게 노력하다 보니 언제부턴가 누가 누구보다 잘 한나는 기준을 넘어 자신만의 음악적 성격이 생겼고, 그만의 영역을 만들었다고 한다.

영화감독 이준익 씨도 조선일보와의 인터뷰를 통해 대학도 중퇴하고, 첫 번째 영화 '키드 캅'이 실패한 후 자질이 없음을 자각해 열등감을 갖게 되었다고 밝혔다. 그로부터 10여 년 후 영화 '황산벌'로 메가폰을 다시 잡아 270만 명의 관객을, '왕의 남자'로 1,230만 명의 관객을 동원해 스타 감독이 되었다. 이준익 감독은 이를 열등의식의 반작용이라고 말한다. 열등한 부분이 채우려는 노력을 불러와 자신의 일에 성실히 임하는 원동력이 된 것이다. 성공하는 협업팀은 우리 팀의 열등 요소를 극복하고, 채우는 것을 함께 하는 팀이다.

# 08. 웃기다 vs. 웃다

대기업의 C전무는 회의나 회식 때마다 유머를 한마디씩 하려고 노력한다. 팀원들은 잘 웃어준다. 그런데 이상하다. 같은 유머를 친구들에게 하면 전혀 웃지 않는다.

임원쯤 되면 조찬회 강의에 참석하게 마련이다. 부지런한 이들은 삼성경제연구소가 인터넷에서 운영하는 SERI CEO 강연도 찾아서 본다. 그들은 유머러스한 상사가 되라는 말에 열심히 유머를 검색해 본다. 회의할 때나 회식할 때 한 번씩 던지는 일명 '아재 개그'에 팀원들이 잘 웃어 주니 자신의 기분도 좋아진다.

회사 내에 나를 웃게 해주는 사람이 협업팀에 있다. 행복한 하루가 된다.

예쁜 아내 쪽을 살펴보자. 예쁜 아내와 사는 남편들을 보면 대략 이렇다. 일단 본인도 잘생긴 경우가 많다. 경제적으로 잘사는 사람도 그런 경향이 있다. 무엇보다 유머 감각을 가진 사람일 가능성이 높다. 요약하면 '잘생겼거나', '돈이 많거나', '유머가 있는 남자'가 예쁜 여자와 사는 것이다.

유머 감각은 이성을 만날 때도 필요하지만, 리더에게도 매우 중요하다. 하지만 유머 감각은 갖추기가 매우 어렵다. 돈이야 벌면 되고 (쉽진 않지만), 외모야 운동을 해서 근육을 만들거나 필요하면 성형을 하면 된다. 그러나 유머 감각은 그런 식으로는 만들 수가 없다.

그렇다고 노력하면 안 될 것이 무엇이겠는가? 해보자. 우선 시중에 떠도는 유머를 열심히 외운다. 그리고 나서 자기 것으로 소화해서 사용하면 된다. 아무 곳에서나 외운 유머를 사용하면 썰렁한 개그가 되어 따돌림을 당하기가 쉽다. 특히 지역, 인종, 나이 등을 폄하해 웃기는 것은 극히 조심해야 한다.

40대 후반 동창 모임에서 그렇게 잘 먹히던 '아재 개그'가 30대 팀원이 모인 자리에서는 전혀 먹히지 않는 경우가 많다. 유머는 동질적인 문화 내에서만 제 힘을 발휘할 수 있기 때문이다. 팀원이 웃어준다고 해서 자신의 유머가 정말 웃긴 것으로 착각하면 절대 안 된다.

## 웃기기 전에 먼저 웃자.

개그맨 남희석 씨는 웃기기 어렵다면 "먼저 웃어라"라고 말했다.

누구나 내 말에 잘 웃어 주는 사람에게 호감이 가기 마련이다. 맞장구만 쳐줘도 좋은데, 웃어주기까지 하면 최고다. 유머러스한 사람이 되려면 잘 웃는 것부터 해보자. 이렇게 생각하고 보니 TV에 나오는 개그맨들은 정말 잘 웃는 것 같다. 자기들끼리 웃고 난리라고 생각했는데, 개그맨은 웃기는 사람 이전에 잘 웃는 사람인 것 같다.

안타깝게도 나를 웃게 해주는 사람이 협업팀에 없다면,
내가 먼저 웃어서 팀원들의 하루를 행복하게 해주자.

일반적으로 말을 조리 있게 해야 설득력이 있을 거라고 생각한다. 하지만 설득력 측면에서 말이 차지하는 비율은 7%밖에 되지 않는다는 '메라비언의 법칙(The Law of Mehrabian)'을 생각해 볼 필요가 있다. 설득력은 말보다는 상대방을 향한 눈빛, 제스처, 의상 등이 더 중요하다는 것이다. 특히 얼굴 표정이 주는 메시지가 무려 55%라고 한다.

입으로는 긍정한다고 말하지만, 얼굴이 부정하고 있는 것은 절대 숨길 수가 없다. 그럴듯한 구호로 협업을 시작하지만, 구체적인 방법론이 없다면 구호는 구호로 끝나게 된다.

미소는 쉽게 할 수 있는 훌륭한 리액션이다.

SNS를 통해 MZ세대가 다양하게 리액션하는 것을 볼 수 있다. 사내 협업 툴에서도 미소를 보여줄 수 있고, 상대방을 향한 눈빛, 제스처 등으로 공감을 표현할 수 있으며, 댓글로 소통할 수 있다. 이렇게 내가 먼저 웃어주어 상대방의 입꼬리가 올라갈 수 있도록 미소 협업을 해보자. 먼저 '좋아요'를 누르고, 사안에 따라 칭찬이나 긍정의 댓글을 달아보자. 칭찬은 구체적이어야 효과가 있으며, 노력이 수반된다. 나에게 댓글을 단 그를 소중히 여기자.

### 협업팀을 위한 비우고 채우기

남자들은 종종 여자들의 대화를 알맹이가 없다고 생각한다. 한참 대화를 나누다가 헤어지면서 자세한 내용은 전화로 다시 이야기하잔다. 압구정동에서 우연히 친구 민지를 만난 이야기를 그렇게도 재미있게 한다. 들어 보면 '만났다'는 것 외에 중요한 사항은 아무것도 없다. "압구정동에서?", "민지를?", "와! 정말?"과 같이 추임새를 넣어주며 경청과 공감을 표현한다. 우리도 이렇게 한번 해보자. 한 번씩 웃어주면 더욱 좋다. 함께 웃어주는 협업팀에서는 서로를 채워주기가 훨씬 쉽다.

### ✕ 실패 사례

사람들은 대개 말도 잘 하고 활발한 성격이 영업 사원으로 적합하다고 생각한다. 지원자 자신도 그렇게 생각하는 경향이 있다. 그러나 이러한 생각 때문에 회사와 자신 모두 자칫 잘못된 길을 갈 수도 있다. 〈동아 비즈니스 리뷰〉 129호에서는 외향적 판매 사원의 판매 방해 요인, 즉 실패 요인을 다음과 같이 말하고 있다.

"고객을 설득하고 제품을 판매하기 위해서는 자신 및 제품에 대한 확신과 열정을 가져야 한다. 하지만 고객의 욕구와 가치를 이해하려는 노력도 필요하다. 외향적 성격의 판매 직원은 자기 자신에 대해 강한 확신을 갖고 있기 때문에, 제품을 팔 때도 고객의 관점보다는 자신의 관점에서 접근할 가능성이 높다. 또 외향적인 사람들은 타인에게 주목받기를 원한다. 반면 다른 사람에게 관심을 가지려는 자세는 부족하다. 주목받기를 원하는 사람들은 고객의 말을 잘 들어주기보다는 자신이 말할 기회를 더 많이 가지려고 한다. 이런 성향 때문에 외향성이 높은 영업 사원은 상품의 장점만 열정적으로 늘어놓을 뿐 고객에게 질문하거나 고객의 상황과 의견을 듣는 데 소홀하기 쉽다. 영업 사원이 고객에게 협업하는 자세로 다가간다면 고객은 좀 더 친밀하게 맞이해 줄 가능성이 높아진다. 영업 사원이 자신의 상품이나 서비스에 대해 지나치게 강한 확신과 열정을 보일 때 오히려 고객들은 방어심리가 작용해 거부감을 가질 수 있기 때문이다."

### ✓ 성공 사례

독일 기센대학교의 포거스 박사 연구진은 무표정한 사람이 어떤 일에 실패했을 때에는 심한 벌을 받기 쉽고, 웃는 얼굴의 사람에게는 관용을 베풀기 쉽다고 발표한 바 있다. 미국의 종합 경제지 〈포춘〉은 부자들의 70%가 웃는 인상을 지녔다는 발표를 한 적도 있다. 그러니 성공하고 싶다면 미소에 인색하지 말자.

잘 웃는 사람이 성공한다. 저가 항공을 탈 때 사람들은 서비스에 대해 크게 기대하지 않는다. 불편함은 고사하고 불친절하지 않기만을 기대할 뿐이다. 한국일보가 저가 항공사 '사우스웨스트'의 먼저 웃는 웃음경영을 다음과 같이 소개한 적이 있다.

"공항에서 사우스웨스트 항공의 비행기를 기다리던 고객들에게 출발 지연을 안내하는 방송이 흘러나왔다. 그러나 고객들은 짜증 낼 틈이 없었다. '출발이 지연되어 불편을 끼쳐 정말 죄송합니다. 그 보답으로 지금부터 보물찾기를 하겠습니다. 저희 직원들이 공항 내에 매직펜으로 동그라미 표시가 그려진 1달러짜리 지폐 세 장을 숨겨 놓았습니다. 그 지폐를 찾아오시는 고객께는 200달러의 상금과 공짜 비행기 표를 한 장씩 드리겠습니다. 자, 준비하시고 시작!'이라는 말과 함께 고객들은 공항 구석구석을 뒤지면서 신나게 보물을 찾기 시작했다. 출발 지연에 대한 불평은 눈 녹듯 사라지고 없었다."

이 사례에서 항공사와 고객은 함께 웃으며 지루한 기다림의 시간을 줄이기 위한 협업을 한 것이다.

# 09. 캐내기 vs. 버리기

대기업에 다니는 D본부장은 전혀 생각지 못한 비용으로 골머리를 앓고 있다. 저임금을 찾아 동남아에 공장을 세우기로 하고 비용 계획을 마쳤는데, 막상 가보니 도로도 없고 전기도 부족했기 때문이다. 그래도 그 정도는 미래를 위해 감당하기로 결정한다.

우리가 쓰는 화석연료는 거저 생기는 게 아니다. 땅도 점점 더 깊숙이 파내려 가야 한다. 탱크와 파이프도 길게 지어야 하고, 배도 움직여야 한다. 예전에는 1미터만 파도 석유가 나왔다면, 지금은 아주 깊이 파야 한다. 바닷속도 파헤쳐야 한다. 화석연료가 고갈되어 가면서 원유 가격이 오르자 땅을 더 깊이 파거나, 모래와 섞여 있어도 채굴을 하기 시작했다. 셰일가스가 그 결과다.

우리가 쓰는 에너지를 채굴하기 위한 에너지가 그만큼 크게 늘어나고 있다. 에너지를 얻기 위해 에너지를 쓰다니 정말 아이러니가 아닐 수 없다. 그뿐 아니라 다 쓴 에너지를 버리기 위한 에너지도 증가하고 있다. 이산화탄소를 줄이기 위해, 원전 폐기물을 온전히 보존하기 위한 노력에도 에너지가 필요하다.

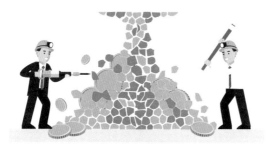

꼭꼭 숨어 있는 그것을 찾아내려고 하니 힘이 든다. 협업에는 에너지가 필요하다.
에너지를 만들어 보자.

화석연료로 쓸 수 있는 에너지 =
채굴 연료 – 꺼내기 위한 연료 – 버리기 위한 연료

화석연료 사용을 최대한 줄이려면 태양광(열)이나 풍력처럼 재생 가능한 에너지원을 더욱 개발해야 한다. 석유는 에너지뿐 아니라 비료를 만들거나 옷을 만드는 데에도 쓰인다. 재생에너지가 발전하더라도 계속 쓰임새가 있다는 점을 간과해서는 안 된다. 바닷속 석유를 얻으려다 사고가 난 멕시코만의 석유 채굴 구멍으로 얼마나 많은 돈이 들어갔고, 얼마나 자연이 파괴되었는지도 잊어서는 안 된다. 2011년에 발생한 후쿠시마 원전 사고는 처리 비용이 만드는 비용보다 훨씬 큰 대표적인 사례다. 비용뿐 아니라 고통도 수반되었다.

소프트웨어는 단계별로 진행되는데, 늦게 포기할수록 비용이 눈덩이처럼 커진다. 기획 단계에서는 아이디어와 보고서 정도를 버리지만, 설계 단계에서는 디자인 결과를 폐기하게 된다. 개발 단계에서는 투입된 많은 인건비가 매몰되며, 테스트를 거쳐 고객에게 전달될 시점에서 알아챘을 때는 큰 손실을 돌이킬 수가 없다.

때로는 '여기까지입니다'를 선언해야 한다.

성과를 위해 매진하다가 문득 '여기가 아닌가 보다'라는 생각이 들 때가 있다. 안 되는 것이 많아지고, 협업 툴에서 댓글이 줄어들거나 동료의 성과에 대한 반응이 없어질 즈음이면, 포기해야 하는 시점일 수 있다. 협업 툴에서 잡아낸 시그널을 외면하면 상사, 동료, 후배들을 탓하기 시작할 것이고, 그때는 돌이키기 위한 고통과 비용이 배가된다. 나를 객관화하여 판단할 수 있어야 하는데, 이때 협업 툴은 나를 투명하게 만들어 주는 도구로 쓰이기도 한다.

협업 과정에서도 버릴 것이 생긴다. 하루 날을 잡아서 한꺼번에 버리자고 생각하기 쉽다. 그러려면 더러운 것을 매일 보아야 하고, 그만큼 에너지가 소모된다. 그때그때 버리자.

비울 때도 채우는 것만큼 비용과 노력이 든다.

우리는 변화된 경영 환경에 과거의 성공 사례를 적용해서는 안 된다. 경쟁자의 제품도 달라졌고, 사람도 바뀌었기 때문이다. 포기해야 한다는 것이 머리로는 이해되지만, 가슴으로 받아들여지지 않는 경우가 있다. 경험과 추억을 버리는 데는 고통이 따른다. 때로는 내가 힘들게 익히고 지켜왔던 숙달된 기억을 버리는 것이 새로 만드는 것보다 더 큰 노력과 비용을 수반한다.

> ### 협업팀을 위한 비우고 채우기
>
> 약간의 도움이 필요해서 사람을 불렀는데, 도움은커녕 일을 망쳤던 경험이 한두 번은 있을 것이다. 웬만한 일은 혼자서 또는 기존 팀이 처리하는 것이 빠르고 정확하다. 무엇보다 중요한 것은 속도 편하다는 점이다. 그러다 보면 너를 가르쳐서 시키느니 내가 야근을 해서라도 해버린다는 마음이 들게 된다. 세상사는 사람이 가장 어렵다. 혹시 나를 비우지 않은 상태에서 협업을 요청한 것은 아닌지 생각해 보자.

### ✕ 실패 사례

취업 사이트 '파워잡'이 직장인 787명을 대상으로 '직장인의 경력 관리 및 퇴출 유형'을 물었더니 '스컹크 유형'이 17.5%로 1위를 기록했다고 한다. 스컹크 유형이란 북아메리카의 멸종 위기종인 스컹크를 빗댄 것으로, 북미에 간선도로가 늘어나면서 스컹크가 지나가는 자동차에 방귀를 뀌다가 수도 없이 깔려 죽어 멸종 위기에 처한 상황에 빗대어 만든 말이다. 즉, 창조적인 변화를 거부함으로써 위기에 적절하게 대응하지 못하고 플랜B가 전혀 없는 유형이라고 할 수 있다.

### ✓ 성공 사례

다음은 2012년 6월 1일자 매일경제에 실린 '컨틴전시 플래닝 위기대응 비책 갖고 계십니까'라는 기사의 일부다.

"2011년 3월 11일 일본 도호쿠 지방에서 발생한 대지진 당시, '토요타자동차'는 지진 발생 2시간 만에 생산·조달·판매·인사·총무 5개 부문이 협업하는 비상대책팀을 구성했다. 이튿날에는 최고경영회의를 잠정 중단하고, 현장 대응을 위한 의사결정 권한을 실무진에게 대폭 위임해 '선(先)행동 후(後)보고 체계'로 전환했다. 또한 조달 전문 인력 500명을 파견해 지진 현장의 부품 상황을 파악하고, 태국 등 대체 공급처 확보에 총력을 기울였다. 그 결과, 토요타자동차는 지진 발생 17일 만인 3월 28일에 인기 모델인 '프리우스' 등 3개 차종의 생산을 재개할 수 있었다. 이런 일련의 대책은 미리 준비된 컨틴전시(Contingency) 대응 매뉴얼 하에 진행되었으며, 토요타는 이를 통해 대지진의 피해를 최소화할 수 있었다. 컨틴전시 플래닝(Contingency Planning)은 기업 리스크 관리를 위한 주요 방안 중 하나다. 기업 리스크 관리는 정상 상태에서 긴급 상태로 전이되기 전에 이를 예방하는 협의의 '리스크 관리(Risk Management)'와 현실화된 긴급 상태를 정상 상태로 되돌리는 '위기 관리(Crisis Management)'로 구분되는데, 사후 대응의 성격이 강한 컨틴전시 플래닝은 위기 관리에 해당한다."

컨틴전시 플래닝은 코로나19 시기에도 동일한 가치를 갖는다.

# 10. 안 가기 vs. 못 가기

*공무원을 20일쯤 휴가 보내면 세 가지 효과가 있다.*

*(1) 관광지 매출이 올라간다.*

*(2) 비리가 사라진다.*

*(2) 업무 프로세스가 개선된다.*

*본인 의지로 1년 내내 자발적으로 휴가를 안 간 임직원이 있다면 해고해야 한다.*

사장이 1년 중 가장 싫어하는 달은 2월이다. 직원들은 28일만 근무하는데, 월급은 30일치를 줘야 하기 때문이다. 설 명절 연휴까지 끼면 생각하기도 싫어진다. 임직원이 휴가 가는 걸 좋아하는 사장을 찾아보기란 하늘의 별따기다. 1년 내내 자리를 지키는 직원일수록 예뻐 보인다. 휴가를 안 가는 이유는 여러 가지가 있을 것이다.

하나, 본인이 빠지면 문제가 바로 발생한다.

직원들이 자리를 며칠 비우면 기계가 멈추는 것과 같은 문제가 발생한다. 사장은 이런 직원을 귀하게 써야 한다. 아파서도 안 된다. 회사 일정도 그 직원의 일정에 맞춰야 한다. 임직원의 휴가 일수를 한번 체크해 보자. 이틀만 자리를 비워도 문제가 발생한다면 이 회사는 중병에 걸린 것이다. 바로 프로세스를 진단하는 감사에 들어가야 한다.

협업에서도 통이 커야 할 때가 있다. 통 큰 휴식은 통 큰 성과로 돌아온다.

둘, 본인이 휴가 가기를 두려워한다.

이런 직원은 자리를 비운 사이에 누군가가 자신의 일을 대신해서는 안 될 무엇이 있기 때문이다. 사장은 이런 직원이 예쁘다. 열심히 일하기 때문이다. 그런데 누구를 위해 일하는 것일까? 최소한 사장을 위한 일은 분명 아닐 것이다. 당장 수술에 들어가야 한다.

세무서에서 취득세와 등록세 수납을 수기로 하던 시절이 있었다. 수납만 하고 등록 처리를 하지 않은 채 세무서 직원들이 휴가를 갈 수 있었을까? 요즘은 모든 것이 전산화되어 있을 수 없는 일이지만, 그렇게 먼 옛날의 이야기가 아니다.

10을 빼서 90을 100으로 만든다.

　온종일 줄다리기를 한다고 생각해 보자. 전원이 쉬지 않고 하는 팀과 10%씩 쉬는 팀이 붙었다. 처음에는 10%씩 쉬는 팀이 인원이 빠진 만큼 진다. 그러나 점차 상황은 역전된다. 전원이 쉬지 않는 팀은 100에서 점차 90, 80, 70으로 떨어진다. 반대쪽은 10%의 힘으로 90을 유지한다. 아침부터 저녁까지 100% 힘을 발휘할 수 없기 때문이다.

　한 명이 빠지는 상황을 극복하기 위해 협업 툴을 활용해 보라. 프로세스를 개선해 원가가 절감될 것이다. 무엇보다 중요한 것은 사람에 따라 좌지우지되지 않고 지속 가능한 제제가 된다는 점이다.

즐겁게 하면 협업이지만, 마지못해 하는 것은 동반 야근을 부른다.

이순신 장군도 때론 그의 퇴근을 알릴 필요가 있다.

　이순신 장군은 노량해전에서 "나의 죽음을 알리지 말라"고 말했다. 사람들은 직장에서 퇴근과 휴가를 알리지 않을수록 좋다고 생각한다. 악영향이 미치는 사례를 많이 보았기 때문이다. 협업 툴에서 많이 쓰는 메뉴 중 하나가 캘린더다. 캘린더에 자신의 휴가와 업무 진행 상황을 등록하여 이해관계자와 공유해 보라. 동료 역시 협업을 위해 일정을 조정하여 휴가 가기 전이나 갔다 온 후 업무 협의를 진행할 것이다.

최근 들어 개인 정보를 중요시하는 MZ세대 중 일부는 명함이나 사내 주소록에 휴대폰 번호를 표기하지 않는 경우도 있다. 모든 연락을 유선전화나 메일 등으로만 하라는 것이다. 퇴근 후 전화를 받지 않겠다는 생각일 수도 있다. 개인의 그런 저녁 있는 삶을 존중해 주어야 한다. 그러면 상사와 동료들은 되레 물을 것이다. "오늘 퇴근은 언제 하나요?", "휴가는 언제 가나요?"라고 말이다.

### 협업팀을 위한 비우고 채우기

휴가를 보내자. 다녀와서 더 열심히, 잘 일할 테니까. 이렇게 순수하게 기대하는 것도 나쁘지 않다. 휴가 가는 일수만큼 아깝게 생각하는 사장의 본성을 나무랄 수는 없다. 그러나 자발적 또는 비자발적으로 휴가를 안 가고 못 가는 조직은 이미 동맥경화에 걸린 것이다. 이것은 오직 그 사람이 그 일을 해야만 하는 극도로 분업화된 조직에서 나타나는 현상이다. 비어 있는 것 같은데 작동을 하는 것이 바로 협업이다.

### ✕ 실패 사례

2004년 공공기관에서 주 5일 근무제를 시작했다. 토요일에 근무를 하지 않으면 큰일 날 것 같았지만, 5일 근무하고 2일 쉬는 것이 경제적 효과가 크다는 것은 분명한 사실로 드러났다. 그럼에도 불구하고 '월화수목금금금' 일할 수밖에 없다고 믿는 조직이 여전히 있다.

S전자는 글로벌 경쟁이 심화되자 일의 양으로 대응해 경쟁사보다 두

배 가까이 근무 시간을 늘렸다. 그러나 생산성은 반으로 떨어졌다. 전날 야근으로 피곤을 해소하지 못한 채 출근해 오전은 업무인 듯 업무 아닌 시간으로 때우고, 실제 업무는 오후 늦게야 시작해 저녁 식사 후 야근 무렵에야 일에 몰입할 수 있었기 때문이다. 이와 같은 근무 시간 증가는 주력 제품의 출시일을 앞당기는 데는 기여했으나, 작은 품질 문제들이 점차 누적되어 출시 제품을 폐기함에 따라 7조 원가량의 손실을 가져왔다.

## ✓ 성공 사례

다음은 휴가로 긍정적인 효과를 냈다는 여덟 가지 사례다. 한 명이 빠져도 굴러가는 협업팀의 참된 모습이라고 할 수 있다.

(1) 실패하면 보너스에다 휴가까지 주는 구글X.
(2) 대통령님, 쉴 때는 오바마처럼 쉬세요.
(3) 무제한 유급휴가 1년 실시 후 얻은 교훈.
(4) 블랙프라이데이에 장사 접고 유급휴가 준다는 회사.
(5) 미국에서 잘나가는 IT 기업들의 출산휴가.
(6) 세종대왕도 보내준 휴가, 꼬~옥 찾아 먹자.
(7) 월급 줄 테니 무제한 휴가 가라는 회사들.
(8) 휴가비 800만 원, 업무 금지가 룰.

기타 자세한 내용은 티타임즈(www.ttimes.co.kr)에서 확인할 수 있다.

# 11. 허준과 동의보감

*양의학에서는 한의학의 비과학성을 비판한다. CT, MRI, 피검사,
요검사 없이 진맥으로 진단하는 한 그 비판에서 벗어날 수 없을 것
이다.*

1991년에 아주 재미있게 읽은 책 중 하나가 《소설 동의보감》이다.
이틀 동안 다 읽어 버렸을 만큼 허준의 인생은 흥미진진했다. 대학 동
창이자 직장 동료였던 한 친구는 그 책을 읽고 나서 "여태까지 허준처
럼 집중해 본 적이 없다. 해봐야겠다"라며 고시공부를 하겠다고 퇴사
할 정도였다. 그 친구는 결국 합격했다.

동의보감은 420여 년 전인 임진왜란 시절 출간되었지만, 아직도 보
물 같은 책이다. 한의사가 의학적 근거로 말하는 덕에 동의보감과 허
준은 현재까지도 우리 곁에 생생하게 살아 있다. 드라마 '허준' 덕에
2000년대 초 한의대는 최고의 인기학과로 대학 입학시험에서 최고점
을 기록하기도 했다. 하지만 상위 0.1% 이내로 공부를 잘 했던 그들
이 한의사가 되어 실력을 발휘할 시기인데도 여전히 동의보감만 외우
고 있다면 400년 전이나 지금이나 다를 것이 무엇이겠는가?

금과옥조를 지키는 것은 좋으나, 협업으로 시대에 맞춰 새로 함께 만들어야 한다.

## 모든 것을 할 수 있다=하나도 제대로 할 수 없다

인체는 신비로운 것이라 탐구할수록 어렵다. 양의학에서는 전공 분야가 점점 세분화되어 가고 있다. 외과만 해도 일반외과, 흉부외과, 정형외과, 성형외과, 신경외과 등으로 나뉜다. 반면 동네 한의사의 진료 과목을 보라. 거의 모든 병을 치료한다.

한의학에서는 수술을 하지 않으니 내과를 한 번 살펴보자. 양의학은 감염, 내분비대사, 류머티즘, 소화기, 순환기, 혈액종양, 호흡기내과로 분화되어 있다. 나이와 집단으로도 나눠져 내과, 청소년소아과, 가정의학과가 있다. 반면에 한의원의 진료 과목은 대체로 이렇다. 외과, 정형외과, 신경외과, 내과, 이비인후과, 소아과, 비뇨기과, 피부과, 산부인과 등이다. 한 명의 한의사가 이 모든 것을 혼자서 진료한다. 가능한 일인지 궁금하지 않을 수 없다.

## 자신 있는 분야만 남기고, 과학화된 도구를 활용한다.

협업은 분야별로 실력 있는 사람이 모여서 함께 일하는 것이다. 혼자 하면 협업할 일이 없다. 한의사도 분야별로 특화해야 한다. 모든 것을 다룬 동의보감을 쪼개고 쪼개야 한다. 또한 쪼개 놓고 다시 엮어야 한다. 허준을 머리 따로, 몸 따로 구분해서 죽여야 한의학이 살 수 있다. 허준의 스승이 당신을 죽여서 허준을 살린 것과 같다.

한의사가 피검사와 요검사를 하지 못하면 요로에 세균이 침투해 생긴 열을 진단할 수가 없다. 이 상태에서 한의사가 하는 의료 행위는 '돌팔이 의사'가 하는 행위와 같다. 21세기에 과학 도구를 사용하지 않은 채 체질, 열, 담, 화 등으로 표현된 진단만으로는 제대로 된 치료를 할 수가 없다.


## 사장의 노하우를 어떻게 전달할 것인가.

1980년대에 창업해 지금까지 견뎌온 사장들은 동물적 감각으로 사업을 일으켰고, 지켜냈으며, 성장시켰다. 만져보고, 냄새만 맡아도 일이 제대로 흘러가고 있는지, 이 보고가 사실인지 아닌지를 잡아내는 능력으로 20년 이상 운영을 잘 해왔다. 그러나 이러한 창업자가 자신의 경험과 노하우를 전수해 주지 못하고, 다음 세대로 이어주지 못한 채 소멸해 가는 기업들이 적지 않다.

1980년대와 2020년대의 기업경영 목표는 한번의 성공이 아니라 지속 가능이라는 점에서 동일하다. 협업 툴을 사용하지 않는다는 것은 사장의 노하우가 전수되지 않고 있다는 것을 의미한다. 과학화된 도구를 활용한 기업만이 다음 세대로 이어질 수 있다.

속을 들여다보아야 병의 원인을 찾듯, 협업에서도 속을 들여다보아야 하며,
그에 필요한 도구가 주어져야 한다.

## 협업팀을 위한 비우고 채우기

진단 기기 사용에 대해 한의학계와 양의학계가 대립하고 있다. 한의학계가 진단학을 커리큘럼에 정식으로 추가하면 될 일이다. 양의학도 처음부터 영상진단학이 있었던 것은 아니다. 영상이라는 도구가 진단에 쓰이자 그것을 전문화했고, 마취가 치료에 쓰이자 마취 전문의를 양성했던 것이다. 그 결과, 이제는 영상진단 전문의와 마취 전문의가 타 분야와 협업을 하고 있다. 한의학계에서도 진단 전문의를 만들어 협업하면 될 일이다. 진단 기기처럼 채울 것은 채워야 한다.

### ✕ 실패 사례

협업 없이 한 사람이 모든 것을 처리하고 해결하는 것을 경계하는 고사성어 '만기친람'의 실패 사례를 2014년 3월 26일자 경남도민일보에 실린 언론인 정운현의 글에서 발췌한다.

"상서(尙書) '고요모(皐陶謨)' 편에 '일일만기(一日萬機)'라는 말이 나온다. 이는 천자(군주)는 하루 동안에 만 가지 일을 처리한다는 뜻이다. '만기친람(萬機親覽)'이라는 말도 여기서 유래했다고 한다. (중략) 근자에 박근혜 대통령의 '만기친람'이 세간의 입길에 오르내리고 있다. 박 대통령이 규제개혁장관회의를 신설해 직접 주재하기로 하면서 기존 대통령 직속 규제개혁위원회는 설 자리를 잃게 되었다. 결국 민간 위원장은 지난 달 초 사표를 냈고, 정부 쪽 실무자인 국무조정실 규제조정실장도 두 달째 공석이다. 박 대통령은 또 통일준비위원회를 신설해 스스로 위원장을 맡기로 했다. 이렇게 되면 헌법기구인 민주평화통일자문회의는 존재 이유가 없어진다. 이건 아니다. 대통령이 앞장서서 국정을 이끌고 챙기는 것은 바람직하다. 그러나 국정은 직위별로 권한 위임이 되어 있고, 업무 영역도 나뉘어 있다. 그런 것을 체계화하고 조직화한 것이 바로 시스템이다. 그런데 대통령이 오지랖 넓게 나서서 매사를 다 챙긴다면 장·차관이나 정부 기관장들은 팔짱 끼고 구경만 할 수밖에. '만기친람'을 앞세운 대통령의 과도한 의욕은 국가의 기존 조직이나 계획을 한순간에 엉망으로 만들 뿐이다. (후략)"

#### ✓ 성공 사례

고등학교 야구는 가장 잘 하는 선수가 투수이자 4번 타자인 경우가 많다. 공격을 잘 하는 축구 선수는 수비도 잘 한다. 아마추어 스포츠에서 자주 볼 수 있는 풍경이다. 하지만 프로에서는 타자 겸 투수를 찾아보기 어렵다. 자기 위치가 분명히 있는 야구에 비해 여섯 명 모두 공격과 수비를 하는 농구는 자기 위치가 불분명하다. 수비도 잘 하고, 리바운드도 잘 하고, 덩크슛도 잘 하고, 3점슛도 잘 하는 선수가 이론적으로 존재할 수 있다.

MBC '무한도전'에 나왔던 '스테판 커리'는 전체적으로 부족한 선수였다. 부상도 잦았다. 부상은 웨이트 트레이닝으로 극복했으며, 특히 대부분의 농구 선수들이 팔과 가슴 근육을 강화하는 데 비해 커리는 허리와 옆구리 근육에 집중하는 등 전체적인 균형을 강화했다. 이런 노력을 통해 3점슛에 집중하고, 시선, 각도, 점프 등을 지속적으로 개선해 3점슛의 1인자가 되었다. 협업은 본인이 가장 잘 하는 것에 매진해 팀에 공헌하는 것이지, 모든 것을 다 하는 것이 아니다.

월요일마다 새로운 것을 시작하려는 의지가 교통 체증을 일으킬 정도다. 시작하는 것은 쉬우나 오히려 그만하기가 더 어렵다. 방전이 되어야 충전도 된다. 그만할 것을 정하는 날이 월요일이 되는 것도 필요하다. 모든 것이 완벽할 필요는 없다. 적정해야 한다. 하지만 진정으로 완벽해야 할 때는 바늘 한 땀도 허용해서는 안 된다.

조직 구성원들은 불안감을 이기고 같이 할 수 있어야 한다. 경쟁보다는 협업이 진정한 성과를 낼 수 있다. 남부러운 사람들이 모인 집단은 시기와 질투만 있을 뿐이다. 남을 웃기려면 내가 먼저 미소 지어야 한다. 포기하는 비용이 더 들어갈 때도 있지만, 과감히 버려야 새로운 것이 들어설 수 있다. 지난 성공 경험으로 오늘을 살고 있지는 않는지 뒤돌아보자.

# 지킬 것은 지켜야
# 흔들리지 않는다

흔들리는 갈대를 탓하지 말고,
지켜야 할 뿌리가 없음을 두려워하라.

# 01. 공통 분모 vs. 상호 신뢰

팀워크 향상은 인사관리 쪽의 주된 관심사이자 과제다. 구글은 구성원 출신, 개인적 관심 등이 팀 성과와 인과관계가 없다고 결론 내렸다. 의미 있는 일을 목표로 삼아 구체적인 계획을 안정적으로 서로 믿으며 실행해야 성과가 나온다는 점을 알게 되었기 때문이다.

2012년에 '구글' 인사팀에서 '아리스토텔레스'라는 프로젝트를 시행했다. 어떤 팀이 잘 뭉쳐서 협력하고, 어떤 팀이 와해되는지를 알아보고자 한 것이다. 처음에는 팀 구성에서 그 해답을 찾아 보았다. 관심사가 비슷한 사람들, 보상의 방법, 같은 취미, 학력, 내성적 성격, 외향적 성격, 남녀 비율까지 구글은 성과가 좋은 팀들의 공통 분모를 찾기 위해 많은 노력을 했지만 헛수고였다. 유사한 패턴을 찾을 수 없었다.

그러나 팀 구성에서 유의미한 차이를 찾지 못한 구글은 팀 문화에서 성공적인 팀과 그렇지 못한 팀을 가르는 몇 가지 요소를 알아낼 수 있었다. (1) 상호 신뢰, (2) 심리적 안정, (3) 목표, 역할, 실행 계획 등 타깃의 명확함, (4) 일의 의미가 그것이었다.

바보야, 문제는 상호 신뢰와 심리적 안정이야.

(1)과 (2)는 어찌 보면 당연한 것이고, 같은 말이다. 서로 믿음이 있어야 심리적으로 안정될 것이고, 팀워크가 자연스럽게 형성될 것이기 때문이다. 문제는 '믿음을 어떻게 줄 것이냐'였다. 구글은 1년여 동안 300개 이상의 팀에 일대일 대면 대화를 늘리도록 했다고 한다. 그 결과, 심리적 안정감이 6%가량 증가했다고 한다. 심리적 안정감이 수치로 표현될 수 있는지는 의문이 들지만, 아무튼 마음에 맞는 사람으로 팀을 구성하면 성공적이라는 결과를 얻었다고 한다.

협업에서 가장 중요한 요소를 꼽으라면 상호 신뢰다.

(3) 목표, 역할, 실행 계획 등이 명확해야 하는 것은 좀 더 구체적인 부분이다. 리더가 할 수 있는 분명한 범위다. 이 과정에서 신뢰가 있으면 더욱 잘 될 것이다. (4) 일의 의미는 팀의 과제가 팀원들과 어떤 영향을 주고 받는지로 나타난다. 협업 툴에 마련된 팀룸에 자발적인 참여가 없다면, 팀원들이 의미를 찾지 못해 와해되고 있다는 뜻이다.

같이 일하는 것은 결코 쉬운 것이 아니다. 팀원들의 심리도 꿰뚫고 있어야 한다. 무조건 '돌격 앞으로'가 능사는 아니다. 팀원의 신뢰를 얻으려면 배려가 있어야 하고, 그러려면 자기희생이 뒤따라야 할 것이다. 이런 팀원들이 모인 팀이 큰 성과를 내는 것은 자명하다.

그러나 많은 팀이 배려가 모자라고, 자신보다는 타인의 희생을 요구한다. 구글의 실험처럼 안정과 신뢰로는 6% 정도밖에 효과가 없지 않을까 싶다. 구글의 실험은 협업, 즉 같이 일하는 것이 그만큼 어렵다는 것만 다시 한번 확인시켜 주었다고 할 수 있다.

협업팀에 '계속 배려를 해주면 그것이 권리인 줄 안다'라는 분위기가
팽배해 있다면, 타인의 희생을 바라고 있는 것이다.

### 협업팀 지키기

팀을 구성할 때 평화주의자가 한 명쯤은 있어야 한다. 그런 사람은 팀의 갈등을 완화하고, 함께 일할 수 있는 분위기를 조성해야 마음이 편하다. 그는 분명 신뢰와 안정을 통해 평화를 정착시킴으로써 자신의 역할을 다할 것이다.

A사 회장은 입으로는 혁신과 창의를 말하고 권한위임(Empowerment)을 부르짖지만, 실제로는 강한 지시와 통제 중심의 위계적 질서를 유지하고 있다. B사 부장은 친밀감을 이유로 경어를 일체 쓰지 않는다. 심지어는 공개회의 석상에서 욕설이나 모욕적인 발언도 아무렇지 않게 사용한다. B사 부장은 그간의 실적으로 좀 더 많은 인원을 지휘하는 상무로 진급이 예정되어 있다.

C사 회장은 회의 말미에 항상 회사가 지원해 줄 것이 없느냐고 묻는다. 아무도 대답하지 않거나 원칙적인 이야기만 한다. D사는 이력서에 부모 고향까지 적고, 사장은 임직원들의 학력을 줄줄이 꿰고 있다. 특정 지역 출신 임원이 없고, 특정 학교 출신이 많다. E사는 실수가 없는 완벽한 회사다. 한 번의 실수는 퇴사를 의미하기 때문이다. F사는 윤리경영을 위한 헌장과 세부 지침이 있다. 그러나 사장은 윤리경영의 내용을 전혀 모른다.

우리 회사에도 이런 경우가 있다면 협업을 위한 신뢰에 이미 구멍이 뚫려 있다고 보면 된다.

2016년 12월 3일자 조선 비즈의 '최근 주목받는 리더의 자질, 신뢰경영'이란 기사를 보면, 다음과 같이 '자포스'라는 기업의 이야기가 나온다.

"세계적인 온라인 신발 회사 '자포스'의 최고경영자(CEO) '토니 셰이'는 매일 아침 7시부터 자정까지의 일정을 수년 간 직원들에게 공개하고 있다. 여기에는 이메일 개수, 면담하는 직원의 이름, 회의하는 부서나 거래처 이름 등이 모두 적혀 있다. 그가 이렇게 하는 이유는 직원들과 개방적이고, 정직한 신뢰 관계를 구축하기 위해서다. 미국의 경제 전문 매체 〈비즈니스 인사이더〉는 '미국 직장인 중 회사에 강한 소속감을 느끼는 사람의 비율은 평균 31.5%인데, 자포스는 82%에 달한다'라고 분석했다. 스탠퍼드대학교의 조엘 피터슨 교수는 '리더의 진실성은 신뢰도가 높은 조직을 만드는 필수 요소'라며 '투명하게 정보를 공유하는 원활한 커뮤니케이션은 신뢰를 강화하기 위해 반드시 필요한 연료'라고 말했다. 이는 협업의 윤활유이기도 하다."

# 02. 악독한 상사 vs. 편안한 상사

성공학에서는 인정하고, 격려하고, 배려하는 리더십을 강조한다. 현실에서도 과연 그럴까? 나를 편하게 해주는 상사가 승진하는 경우를 찾아보기가 쉽지 않다. 오히려 부하 직원의 퇴사율이 높은 악독한 상사가 승진을 많이 한다.

앞에서 구글의 '아리스토텔레스'라는 프로젝트에 대해 살펴보았다. 성공적인 팀은 상호 신뢰와 심리적 안정감이 있어야 한다는 내용이었다. 승진을 거듭해 임원이 되고 경영진까지 된 이들은 성공적인 팀을 이끌었을 테니, 그 예하에 있었던 팀원들도 상호 신뢰와 심리적 안정감이 있어야 마땅할 것이다. 그런데 과연 그럴까?

악독한 상사에 대한 정의는 물론 다양할 수 있다. 사장에게 어떤 보고를 하라는 지시를 받은 A상무와 B상무를 보자.

A상무는 사장의 이번 지시가 어떤 의미가 있는지 팀원들에게 설명한다. 이어서 목표와 역할, 실행 계획을 설정한다. 이때 팀원들과의 상호 신뢰 아래 심리적으로도 안정감을 준다. 정말 아름다운 모습이다. 하지만 사장은 좀 기다려야 할 것이다.

B상무는 팀원들에게 배경 설명이 없다. 사장의 지시를 받자마자 즉

시 팀원들을 불러 보고서 작성을 지시하고, 내일 아침에 보자고 한다. 팀원들과의 상호 신뢰는 물론 심리적 안정감도 고려하지 않는다. 팀원들은 오늘 저녁에 중요한 개인 약속이 모두 날아간다.

착한 협업 팀원은 남에게 시키지 못하고 자신이 한다.
그를 대우하지 않아 팀에서 빠지면 팀장이 그 일을 해야 한다.

## 사장은 어떤 관리자를 선택할까?

A상무는 성공적으로 팀을 이끌면서 며칠 후 보고하고, B상무는 성공적이지 못한 팀을 이끌면서 다음 날 보고한다. 이런 일이 반복되면 결국 B상무가 전무로 승진한다. B상무는 사장의 지시를 정확하게 파악하고, 신속하게 움직였다. 팀원들에게 적절하게 임무를 배분하고, 그 결과를 잘 정리해서 보고서를 만들었다. 그 과정에서 팀원들의 사생활 같은 요소는 전혀 고려하지 않았다. B상무가 전무가 되는 사이 팀원들의 이직률은 높아졌다. 심지어 팀원들에게는 '그래, 내가 해주고 만다'라는 체념 아닌 체념까지 생겼다.

삼성이나 현대자동차처럼 조직문화가 빡빡한 경우, A상무보다 B상무를 경험한 팀원들이 많을 것이다. 20세기에, 그리고 지금까지 성공한 모델이다.

놀면서 성과를 내는 협업 팀원은 없다.
놀면서 성과를 내는 상사도 없다. 너무 일만 해서 문제다.

악독해도 예측 가능하면 같이 할 수 있다.

사장이 일을 빠르게 잘 하는 B상무를 전무로 승진시키면, 회사의 조직문화는 피폐해지고, 부서를 넘는 협업은 사라지게 된다. '구글'에서는 예측할 수 있고, 일관성도 있어야 좋은 리더로 보고 있다.

B상무가 협업 툴로 일을 한다고 가정해보자. 아무리 악독한 B상무라도 사장에게 내일 아침에 보고해야 하는 상황과 그 결과가 어떻게 나타날지를 팀원들과 정리하여 공유하고 공감할 것이다. 그러고 나면 팀원들에게 조사할 항목을 분배하고, 분석할 사항을 정의하고, 그에 따라 결론을 내릴 수 있도록 가이드하여 보고 준비를 물 흐르듯 진행할 것이다. 이 과정에서 팀원들은 모든 에너지를 쏟을 것이고, 훈련이

된 만큼 어떤 보고든 신속하고 정확하게 할 것이다. B상무가 이끄는 팀은 사장의 좋은 평가에 따른 적정한 보상이 이루어지면서 다른 팀들과 달리 승승장구할 것이다.

팀원들은 막바지에 갑자기 방향을 틀거나 오락가락하다가 원점에서 다시 시작해 밤을 새게 하는 온화한 상무와는 일하고 싶어 하지 않는다. 일관성 있게 예측 가능한 상황을 만들어 주고, 자율적으로 일한다고 느끼게 해주는 상사는 비록 모시기 어렵고 일을 많이 해야 할지라도 리더로 인정하는 데 주저하지 않는다.

### 협업팀 지키기

악독한 상사의 성공은 진정한 성공이 아니다. 그들이 영전해 갔을 때 손뼉을 치는 팀원들은 안도감에 속이 시원한 것이다. 악독한 상사는 외로워졌을 때, 주위에 아무도 없다. 때를 기다린 팀원들은 그를 외면함으로써 희열을 느끼게 된다. 때로는 자신의 저녁을 희생해서라도 편안한 A상무를 승진시켜야 한다. 모시기 편한 상무가 퇴사한 후 어떤 상사가 올지 생각해 본다면 말이다.

### ✕ 실패 사례

조직에 SSKK문화, 즉 '시키면 시키는 대로 하고, 까라면 깐다'는 기업이 있다. 이를 통해 양적인 성과를 이룬 경험이 꽤 많다. 현대자동차에서 외국인으로 가장 높은 직책(상무)에 올랐던 프랭크 에이렌스는 빨리 하는 것이 중요한지, 잘 하는 것이 중요한지를 물었다. 예를 들어 집에서 배관을 수리할 때, "빨리 고치면 좋지만 6개월 뒤에 파이프가 터져 물난리를 겪는다면 또 어떻게 할 것이냐?"면서 말이다.

서울대학교 윤석화 교수는 리더가 비인격적이고 지나치게 강압적일 때, 구성원들은 자신의 지식을 공유하지 않을 뿐만 아니라 동료의 지식도 받아들이지 않는다고 말했다. 리더의 강압적인 행동이 구성원들의 생각을 경직시키고 시야를 좁게 만들다 보니 동료들이 좋은 지식을 공유할 수 없게 해서 협업을 무용지물로 만든다는 것이다.

## ✓ 성공 사례

삼성자동차에서 독보적인 영업 실적을 올렸던 K가 ○○지점의 지점장으로 발령받았을 때, 인력의 3분의 2는 관계사 전출이나 명퇴로 회사를 떠났고, 남은 인력은 딱히 할 일이 없어 보였다. 불확실한 미래로 인해 회사 분위기는 말이 아니었다. K는 삼성자동차가 새 주인을 찾을 때까지 잔류 인력으로 남은 차량을 판매하고, 대고객 서비스를 계속한다는 결정을 내렸다.

○○지점이 있는 건물은 겉모습이 웅장하고 멋졌지만, 사무실과 매장은 정돈이 안 되어 있었고, 1층부터 5층까지 뻥 뚫린 건물 실내는 영하 2도로 보통 추운 것이 아니었다. 고객이 끊긴 지점은 썰렁하기 이를 데 없었다. 무엇보다 K가 참기 힘든 것은 그곳에 근무하고 있던 직원 세 명의 철저한 무관심이었다. K는 먼저 적대감에 가까운 그들의 무관심을 해결하기 위해 노력했다. 그들과 함께 식사도 하고, 개인사도 나누며, 가능한 많은 시간을 보냈다.

개인사를 이야기하다 보면 사람 사는 모습이 큰 차이가 없다는 것을 느끼게 되면서 공감대를 형성하는 첫 단계에 이른다. 그렇게 공감대가 형성되면 마음이 열리고 소통이 시작된다. K는 당시 누군가와 가까워지고 싶다면 개인사를 나누는 것이 지름길일 수 있다고 믿었다. 이런 과정을 통해 직원들과 신뢰를 회복한 후 진행한 협업으로 ○○지점은 전국에서 가장 많은 매출을 올리게 되었고, 고객이 가장 선호하는 지점이 되었다.

# 03. 독일 신호등 vs. 한국 신호등

우리나라의 교통사고율은 여전히 세계 최고 수준이다. 독일은 교통 법규를 잘 지켜서 사고가 거의 나지 않는다. 프랑스는 오히려 안 지켜서 사고가 적다. 우리나라는 지키는 쪽이 반, 안 지키는 쪽이 반이다.

독일은 차선을 지키면서 파란 신호등이면 가고, 빨간 신호등이면 선다. 거의 모든 사람이 그렇게 한다. 프랑스는 차선이 없고, 신호등을 보기보다는 사람을 본다. 동남아 지역에서는 사람, 오토바이, 차량이 한데 뒤섞여 움직이는데, 사고가 나지 않는 것이 정말 경이롭다.

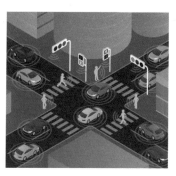

협업에서도 지켜야 할 규칙을 지켜야 인사(人事) 사고가 나지 않는다.

모두가 잘 지키거나 안 지키면 사고가 안 난다.

우리나라는 반쯤은 잘 지키고, 반쯤은 안 지킨다. 노란불일 때 속도를 더욱 높이는 차량이 더 많다. 노란불에서 빨간불로 넘어갈 때 액셀을 더 밟는다. 브레이크를 밟을 시점에 말이다. 파란불만 보고 출발하면 사고가 나기 십상이다. 실제로 그렇게 해서 사고가 많이 발생한다. 독일은 노란불일 때 일제히 정지한다. 프랑스는 신호등과 관계없이 출발해도 되는지를 본다. 사고가 잘 나지 않는 이유다.

협업에서는 일벌백계(一罰百戒), 신상필벌(信賞必罰)이 필요하다.
차도와 인도에 동시에 파란불이 켜져서는 안 된다.

일본도 교통법규를 잘 지키는 나라로 알려져 있다. 도로에서 불법 주차 차량을 찾아보기가 힘들다. 고도성장기에 자동차가 급증한 일본은 1990년대 초까지만 해도 우리나라처럼 불법 주차로 몸살을 앓았다. 일본은 주차 위반에 강력한 처벌로 대처했다. 위반 차량에 10,000엔에서 18,000엔(한화 약 11만 원에서 20만 원)의 범칙금을 부과했다. 주차 위반 등으로 누적 벌점이 7점이면, 30일간 면허정지 처분도 내렸다. 나아가 2006년에는 도로교통법을 개정해 민간 업체에 주차 위반 단속 권한까지 주었다. 운전자를 특정하지 못할 경우, 차량 소유주에게 벌금도 물렸다. 일본은 이렇게 해서 불법 주차 문제를 해결했다.

## 반반이면 분명히 깨진다.

협업에도 지켜야 할 기본 규칙(Ground Rule)이 있다. 언제 오고, 언제 가며, 일지는 어떻게 적는지 일상적인 원칙이 있다. 이슈는 어떻게 제기하고, 회의는 어떤 식으로 개최하며, 결과는 어떻게 정리하는지에 대한 규칙이 형식적이든 암묵적이든 있기 마련이다. 협업에 참여하는 사람들이 반은 지키고 반은 안 지키면 어떻게 될까? 모두 안 지키는 것보다 못한 상황이 된다.

예를 들어, 회의 시간을 모두 지키면 단 한 번의 공지로 해결된다. 모두 안 지킨다면, 정말로 참석할 수 있는지 묻고, 진짜 그 시간에 올 것인지 확인한다. 1시간 전에 알리고, 30분 전에 알리고, 10분 전에 알려서 회의 시간을 맞추려고 노력한다. 안 지키는 경우를 전제로 운영하지만, 지키는 50%에게는 쓸데없는 노력을 들이는 것이 된다.

따라서 기본 규칙을 어기는 자에게는 엄벌이 필요하다. 다 같이 잘해 보자는 협업에 어설픈 온정주의가 만연하면 열심히 하는 사람의 노력을 수포로 만들 수 있기 때문이다. 둘 다 잃을 수 있으니 특별히 주의하지 않으면 안 된다.

재택근무, 오직 신뢰로 운영하라.

코로나19로 재택근무를 시행하는 기업이 늘었다. 재택근무는 근무지가 사무실에서 집으로 위치만 변경된 것이다. 출근과 퇴근이 정상적으로 이루어져야 한다. 시간외 근무는 연장근로 신청을 통해 승인을 하고, 수당이나 휴가로 보상해야 한다. 공적인 업무로 인한 외근과 사적인 이유로 근무지를 이탈하는 외출도 구분해서 관리해야 한다.

재택근무 상태를 확인하기 위한 방법으로는 여러 가지가 있다. 영상 회의, 메신저 상태, PC 사용 여부 등이 그것이다. 하지만 그것들이 '정말 일하고 있는가?'의 답이 될 수는 없다. 어차피 확인이 안 될 바에는 완전 자율로 운영해야 한다.

## 협업팀 지키기

흔히 하는 '좋은 게 좋은 거라고'라는 말은 양쪽 모두에게 좋을 때 쓴다. 10분 먼저 강의를 끝내면 선생도 좋고, 학생도 좋을 수 있다. 그러나 회의 시간은 다르다. 제때 온 사람과 늦은 사람에게 모두 좋은 것은 없다. 따지기 싫을 뿐이다. 거리에 혼자 나갈 정도가 된 초등학생에게 부모는 항상 이 말을 해주어야 한다.

"손을 든다고 해서 자동차가 무조건 서지는 않는단다. 파란불이라도 자동차가 선 다음에 건너야 해."

때로는 모두 안 지킨다는 것을 전제로 기본 규칙을 정해 놓는 것도 필요하다.

## ✕ 실패 사례

대학 입시에서 실패는 두 가지로 나뉜다. 어떤 대학도 못 들어갔거나, 원하는 대학에 못 간 경우로 말이다. 대학수학능력시험(수능) 점수가 모의고사보다 낮게 나와서 점수에 맞춰 하향 지원으로 합격했을 때 학생과 학부모는 학교를 계속 다녀야 하는지 고민하게 된다. 원하는 학교에 입학했더라도 전공 분야가 맞지 않는다면 한 번쯤은 다른 전공이나 다른 학교를 생각하게 된다.

학교를 다니면서 한 번 더 대학 입시를 준비하는 것을 '반수(半修)'라고 한다. 대학의 서열화와 변화무쌍한 입시 정책이 반수생(半修生)을 양산하고 있다. 학생 입장에서는 돌아갈 대학이 있으므로 안전망은 확보했다고 생각할 수 있다. 대학 입장에서는 중도 탈락률이 높아져서 재정에 악영향을 미친다. 대학은 이런 반수생에게 유리한 구조를 그대로 두어서는 안 되는 상황이다. 대표적인 조처로 군 입대를 제외하고 1학기 휴학을 금지하고 있다. 심지어 2학기를 포함해 1학년 휴학을 금지하는 대학도 있다. 반수생은 문자 그대로 반은 대학생으로, 반은 재수생으로 살아야 한다.

협업팀에서도 두 가지 목표를 갖는 경우가 종종 있다. 그래서 협업이 시작된 것일 수도 있지만, 반수생과 같은 상황일 수도 있다. 반수생들은 '남들이 하니까' 혹은 '부모님이 권해서' 휩쓸리듯 반수 대열에 동참하는 경우가 많다. 수험 기간이 처음부터 재수를 결심한 경쟁자와 적게는 1~2개월, 많게는 3~4개월가량 부족하다. 반수로 성공할 수도 있으나, 그 가능성은 온전한 재수생보다 떨어질 수밖에 없다. 반반으로 시작한 협업팀이 온전히 하나의 목표를 가진 팀보다 성공 가능성이 떨어지는 것과 같은 이치다.

## ✓ 성공 사례

종합병원 응급실은 항상 어수선하다. 글자 그대로 응급한 환자가 들어오는 응급실인데, 모순되게도 전문의가 없었다. 각 과의 레지던트가 번갈아 당직을 서거나 인턴들이 당직을 서는 경우가 많았다. 병원 문턱이 낮은 우리나라에서는 모든 증상의 환자들이 응급실을 내원한다. 가벼운 감기, 염좌와 같은 경증 환자와 정말 응급실 진료가 필요한 패혈성 쇼크나 급성·중증 외상 대동맥 질환, 뇌경색과 뇌출혈, 그리고 심정지 등의 환자들도 내원한다.

응급실 의사는 다수의 경증 환자가 밀려오는 상황에서 중증 환자를 발견해 내야 하며, 긴급하게 손을 쓰지 않으면 사망하거나 악화될 수 있는 환자가 예고 없이 찾아왔을 때에도 능숙하고 신속하게 대처해야 한다. 그래서 미국과 서유럽에서는 1960년대부터 응급의학을 전문 분야로 인정했지만, 우리나라는 1995년이 되어서야 응급의학과 전문의가 선발되기 시작했다. 응급실은 자의적인 의료 행위가 이루어져서는 안 되며, 정해진 절차와 원칙을 100% 따라야 하는 전문 협업 영역이다.

# 04. 성문법 vs. 불문법

혁신을 하겠다고 나서는 것은 국회만이 아니다. 회사에서도 혁신을 외친다. 수십 가지 경영혁신 방법론도 마련되어 있다. 혁신이 완성되는 날은 혁신이 끝나는 날이 아니라 시작되는 날이다.

성문법(成文法)은 문자로 표현되고, 문서의 형식을 갖추고 있다. 법정주의(法定主義)라는 측면에서 원칙상 인간의 모든 행위를 규제하는 것은 법으로 정해져야만 가능하다. 문제는 인간의 행위 하나하나를 미리 규정할 수 없다는 데 있다.

세상의 모든 일을 법으로 규정할 수는 없다.

불문법(不文法)은 법규범의 존재 형식이 제정되어 있지 않은 것을 말한다. '제정(制定)'되지 않았을 뿐, 따라야 할 법은 문서로 존재한다. 판례가 바로 그것이다. 독일에서 전파된 대륙법계는 성문법 체계고, 영국과 미국에서 시작된 영미법은 불문법 체계다. 성문법에 가까운 우리나라 법은 과거에는 사법고시 한 번으로 법률 서비스의 배타적 권리를 부여했다. 미국은 로스쿨에서 수많은 판례를 공부한 후, 법에서 부여하는 배타적 권리를 차근차근 갖도록 하고 있다.

협업의 규칙을 정하는 것은 쉽다. 그 규칙을 지키기가 어려운 것이다.
규칙을 어긴 협업 팀원을 어떻게 할 것인지는 더욱 어렵다.

우리 사회는 성문법적인 요소가 강하다. 어제의 법을 오늘 바꿔서 진행하는 것을 너무 쉽게 생각하는 것은 아닌지 생각해 볼 필요가 있다. 정부 정책도 정권에 따라 하루아침에 바뀌는 것이 다반사다. 불문법 체계에서는 지난 정권이 만든 법을 다음 정권이 폐지하는 성문법적인 사고방식이 허용되지 않는다. 우리가 불문법적인 요소를 강화한다면 이런 행위 자체가 어려워진다. 성문법보다 불문법 체계에서 예측 가능성이 높아질 수 있는 이유다.

내재화, 체득화는 성문법을 불문법화하는 고통스러운 변화다.

헌법과 같은 최상위 법은 성문법으로 존재해야 한다. 선언 같은 역할을 하기 때문에 그렇다. 세상의 모든 일을 법으로 규정할 수는 없다. 법에서 빠진 부분은 판례와 같은 불문법 체계를 따라야 하므로 두

법체계는 사실상 공존하고 있다. 우리는 성문법 체계지만 불문법의 체계를 좀 더 강화해 어떤 정책이든 사회적 합의를 이끌고, 그렇게 정해진 정책은 쉽게 바꾸지 못하도록 할 필요가 있지 않을까 싶다.

불문법이 작동되어야 한다.

기업에서 혁신은 어떨까? 하루아침에 바꾸면 잘 작동할까? 사람을 하루아침에 바꿀 수는 없다. 내 것으로 만드는 내재화(內在化), 체득화(體得化), 체화(體化) 과정이 있어야 한다. 협업 툴에 기록된 모든 사안은 불문법이며, 내재화된 결과물이다. 공지 사항은 일종의 사내 법(法)의 시행이며, 시행 내용은 사내에서 불문법이 된다.

사장이 어제 한 말과 오늘 한 말이 달라지면 MZ세대들은 내일 할 말을 기다리게 된다. 어차피 내일 바뀔 텐데 오늘 해놓을 이유가 없기 때문이다. 사장이 말에 무게를 싣고 싶다면 어제 한 말을 유지하고, 바꾸려면 그 이유를 충분히 설명해야 한다. 영어에서 약속은 '내 말을 주었다(You have my word.)'는 뜻임을 명심하자.

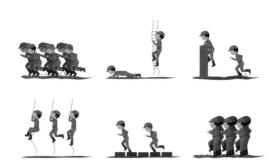

강한 훈련이 강한 군대를 만드는 것처럼 고도의 협업 훈련은 성과로 돌아온다.

## 협업팀 지키기

혁신을 위한 프로젝트를 끝내고 나가는 컨설턴트가 하는 마지막 말이 있다. "제 일은 이제 끝났으나 여러분의 일은 이제 시작되었습니다"가 그 것이다. 성문법을 만드는 일은 컨설턴트가 도와줄 수 있다. 그것을 불문 법화하는 것이 뼈를 깎는 고통이자 극복해야 할 대상이며, 남아 있는 협업 대상이다.

### ✕ 실패 사례

2013년 5월 23일자 조선 비즈의 'IGM과 함께하는 리더의 딜레마 해결'이란 코너를 보면 다음과 같은 사례가 나온다.

"미국의 보험 회사인 '사페코(Safeco)'는 1980년대 들어 장기적인 경영전략을 세웠다. 무리한 투자를 하지 않고, 보험업에 집중하며, 매년 적게나마 반드시 순이익이 나도록 하는 것이었다. 이는 안전을 추구하며, 천천히 오래가는 기업을 만들려는 의도였다. 그런데 1990년대 들어 보험 업계가 큰 호황을 맞자 사페코에 투자하는 사람이 많아졌다. 주주들은 공격적인 확장 전략을 펼치기를 원했다. 주주들의 요구처럼 공격적인 경영을 하면 분명 더 많은 돈을 벌 수 있을 것으로 보였다. 결국 사페코는 눈앞의 수익에 눈이 멀어 버렸다. '안전'을 버리고 본격적으로 금융 회사들을 인수하기 시작했다. 사페코는 성공했을까? 아니다. 처음 몇 년 동안 반짝 성장했을 뿐, 금세 몰락해 버리고 말았다. 1990년대 중반, 금융업 전반에 불황이 찾아왔기 때문이다. M&A를 하느라 돈을 다 써버렸던 사페코는 경영난에 빠졌고, 1997년부터 3년 만에 주가가 60% 이상 폭락하는 비극을 맞았다. 물론 어떤 경우에도 전략을 바꾸지 말아야 한다는 것은 아니다. 시장이나 고객, 유통망에 큰 변화가 생겼다면 장기 전략도 수정할 수 있다. 그러나 그것이 단기 수익 때문이어서는 안 된다. 장기 전략은 더 넓은 안목으로 끈기 있게 밀고 나갈 때 소기의 성과를 달성할 수 있다."

단기적으로 빠른 결과를 얻기 위한 협업은 꼭 필요하며, 매우 유효하다. 그러나 목표를 분명히 해야 한다. 장기적인 전략과 목표를 갖고 꾸준히 진행되어야 할 협업에 단기 성과를 강요하면 안 된다.

## ✓ 성공 사례

2017년 〈인사관리〉 4월호를 보면 다음과 같은 사례가 나온다.

"'동화기업'은 오랜 기간 협업이라는 기업문화의 내재화에 힘써 왔다. 1995년에 도입되었던 생산현장 제안제도가 그 출발이다. 이후 지속적으로 강조되었던 '변화와 혁신'이라는 핵심 가치는 자연스레 직원들에게 내재화되어 2014년 4,800건, 2015년 5,300건, 2016년 6,300건이 넘는 제안들이 생산현장에서 쏟아지게 만든 힘이 되었다. 물론 처음 이 운동을 도입했을 때는 직원들의 불만도 많았다. 비용을 절감하고 아이디어를 내보자는 부분에 부담감과 거부감이 작용했지만, 20년을 지속하면서 이제는 모두가 적극적으로 참여하는 혁신문화 조성의 기반이 되었다. 과거부터 현재까지 동화기업의 기업문화를 만든 가장 큰 힘은 바로 꾸준함과 지속성이라 할 수 있다. 동화기업의 기업문화 활동은 대부분 10년 이상의 역사를 통해 정례화되고, 자연스럽게 직원들에게 흡수되는 내재화 과정을 거쳤다. 소통 활성화를 목적으로 시작된 '열린 광장' 프로그램은 2003년에 시작되어 현재까지 15년 이상 꾸준히 지속되고 있다. 이를 통해 임직원들은 격월 단위로 한자리에 모여 경영 실적을 공유하고 새로운 직원들과 인사를 나눈다. 아울러 특강과 공연을 통해 동료들과 즐거움도 배가시킬 수 있는 전통적인 문화 조성의 자리가 되었다."

# 05. 안마당 vs. 바깥마당

울산의 현대자동차 공장 앞에 있는 식당 주인이 삼성자동차를 구입했다. 현대자동차 직원들이 식당 발걸음을 끊으면 어떻게 하느냐고 걱정해 주는 사람들도 있었다. 그런데 불똥은 엉뚱한 곳에서 튀었다. 코앞의 고객도 못 잡으면서 어떻게 자동차를 팔겠느냐는 불호령이 현대자동차 직원들에게 떨어졌던 것이다.

식당 주인은 결국 현대 차로 바꾸었다. 현대자동차 직원들이 가장 중요한 고객이니 도의상 삼성 차를 사서는 안 된다는 것은 자신도 잘 알고 있었다. 순간, 당신은 현대자동차가 '갑질'을 하지는 않았나 생각했을 것이다. 사실 식당 주인도 당시에 어쩔 수 없이 삼성 차를 살 수밖에 없던 속사정이 있었다. 어찌 되었든 현대자동차 직원들이 애원하다시피 해서 식당 주인은 차를 다시 교체했다. 삼성 차를 중고로 팔고 난 후 새 차를 구매하는 비용까지 이중으로 부담하면서 말이다.

내 역할을 제대로 해야 협업하는 동료 팀원에게도 요구를 할 수 있다.

안마당을 지키지 않은 채 바깥으로 나갈 수는 없다.

　IMF 시절 우리에게 큰 위로를 주었던 온라인 게임 '스타크래프트'를 기억할 것이다. 이 게임으로 인해 많은 프로 게이머들이 탄생했고, 큰 사랑을 받았다. 사람들이 스타크래프트에 열광한 이유로는 다음 세 가지가 있었다. (1) IMF 이후 실직으로 인해 게임할 시간이 많아졌고, (2) 개개인이 국가 대표로 외국인과 자웅을 겨루었으며, (3) 젓가락 사용으로 훈련된 빠른 손가락이 우리에게 있었기 때문이다. 회사로 치면 자질 있는 직원들이 연습 시간을 충분히 갖고, 실전에서 큰 성과를 통해 승리의 기쁨을 직접적으로 맛보고, 느낄 수 있었음을 의미한다.

　스타크래프트에서는 안마당을 차지하는 것이 게임의 승패를 가르는 중요한 요소가 된다. 안마당에 있는 자원을 빨리 획득해야 이를 바탕으로 병력을 빠르게 많이 생산할 수 있기 때문이다. 이와 마찬가지로 비즈니스에서도 관할하는 영역에서 빨리 그리고 완전한 승리를 해야 빠르게, 크게 성장할 수가 있다. 이를 위해서는 기본적으로 직원들의 실력과 사기가 뒷받침되어야 한다.

큰 목표를 달성하기 위해서는 매일매일 운동하고
건강한 음식을 먹는 것처럼 협업을 해야 한다.

'바깥마당'을 향한 돌격 외침은 공허한 메아리로 돌아올 뿐이다.

중견 기업 B사의 비전은 매우 높고 푸르다. 매출 증대라는 비전이 달성되면 급여도 올라가고, 복지도 좋아진다. 하나라도 더 팔기 위해 바깥마당으로 나가야 할 이유가 분명하다. 이렇게 하면 매년 20%씩 성장해야 하는데, 안타깝지만 올해도 달성하지 못했다. 금년의 미달 부분을 고려하면 내년부터는 30% 이상은 성장해야 한다. 하지만 이 럴수록 직원들에게 비전은 무의미해진다.

더욱 나쁜 상황은 회사의 비전과 나의 비전이 전혀 관계없다고 생 각하는 것이다. 매출 목표는 분명히 1조 원인데, 달성 후 나의 연봉은 얼마인지 모른다. 고로 아무 의미가 없다. 이것은 직원들의 마음이 여 전히 안마당에 있는데, 사장은 바깥마당으로 모는 형국이다. 금년 목 표를 초과하는 이익금 모두를 성과급으로 지급하겠다는 선언이 오히 려 직원들에게는 비전으로 다가올 것이다.

그렇다고 해서 달성하지 못할 목표를 제시하면 안 된다. 잘못하면 실망을 넘어 분노를 살 것이기 때문이다. 그러면 경쟁사가 지키고 있 는 커다란 언덕을 차지하기 위한 돌격 외침은 공허한 메아리로 돌아 올 뿐이다.

음지에서 사고를 막고 있는 자를 우대하라.

많은 기업들이 '올해의 ○○인'을 선정하고, 포상한다. 대부분 바깥 마당에서 활약한 임직원이다. 그만큼 돋보인다. 하지만 반대로 생각 해 보자. 나의 안마당은 경쟁자가 노리고 있는 바깥마당이다. 조금만

소홀해도 쉽게 빼앗길 수 있다. 안마당을 지키는 노력은 눈에 잘 들어오지 않는다. 음지(陰地)에서 일하는 형국이기 때문이다.

안을 지키는 보이지 않는 수고와 바깥으로 확장하는 노력 사이에도 협업이 필요하다. 무엇보다 안마당을 지키는 이들을 제대로 평가해주어야 한다. 협업 툴에서 일어날 사고를 막고, 위험을 방지하며, 묵묵히 일하는 MZ세대를 찾아내서 포상하는 것이 더욱 중요할 수 있다.

## 협업팀 지키기

오늘을 마무리하고 내일을 준비하는 것은 매일 해야 할 일이다. 중장기 계획은 올해 목표를 달성했을 때 지켜질 수 있다. 머나먼 미래의 비전만 제시하고, 오늘 지켜야 할 것을 무시해서는 안 된다. 단기 계획과 중장기 계획, 그리고 비전이 서로 협업을 함으로써 지키도록 해야 한다.

### ✕ 실패 사례

미국의 종합화학 회사인 '듀폰'은 "실적보다 안전이 중요하다"라는 슬로건 아래 안전을 회사 경영의 중요한 가치로 내세우고 있다. 안전이라는 안마당을 지키지 못해 실패한 사례는 무수히 많다. 501명 사망, 6명 실종, 937명 부상이라는 결과를 가져온 삼풍백화점 붕괴와 191명 사망, 151명 부상, 21명 실종의 대구 지하철 사고, 그리고 세월호는 더 이상 언급하지 않겠다.

대다수 안전사고는 느슨한 규제와 가벼운 처벌, 전반적인 안전 규정 무시, 경제적 발전 우선이라는 공통된 원인이 존재한다. 협업은 가시적 성과를 내기 위해 시작되는 경우가 많기 때문에 결과만 추구하게 될 수도 있다는 점을 잊지 말아야 한다.

## ✓ 성공 사례

갈수록 베푸는 일이 성공하는 데 더 중요해지고 있다고 한다. 왜 그럴까? 베푸는 마음가짐으로 모이는 협업이 성공하는 이유와 같다. 2013년 7월에 조선 비즈와 가졌던 인터뷰에서 와튼스쿨의 애덤 그랜트 교수는 다음과 같이 말했다.

"통신과 교통의 발달로 세상 사람들이 더욱더 서로 연결되기 때문이다. 과거에는 사람들이 훨씬 독립적이고 분리된 채 일했지만, 요즘은 많은 조직이 협업을 하고 팀으로 일한다. 서비스 산업의 폭발적 성장도 한몫했다. 그 분야의 사람들은 손님과 고객에게 얼마나 혜택을 주고 잘 봉사하느냐가 생명이다. 여기에 소셜 미디어가 힘을 보탰다. 페이스북 프로필만으로도 어떤 사람인지 알아낼 수 있다. 나쁜 사람은 금방 들통난다."

# 06. 천리안 vs. 네이버/카카오톡

'응답하라 1988'에서 우리를 추억에 돋게 했던 '천리안'이 2015년 10월 서비스를 종료했다. 2012년 '하이텔'의 후신인 '파란닷컴'의 서비스 종료에 이어 PC통신 시대를 풍미했던 이름들이 역사 속으로 사라지게 되었다.

천리안의 위험은 최고의 인기를 누리던 전성기 3년 전부터 감지되기 시작했다. 전성기 시절, 그러니까 소위 말하는 골든 타임에 경쟁자도 준비를 마쳤다는 것이 천리안에게는 불행의 씨앗이 되었다.

천리안은 멀리 보는 눈을 가졌지만, 생각이 다른 사람과 협업하지 않아
바로 눈앞만 보는 근시안이 되었다.

내가 즐기고 있을 때, 그들은 준비한다.

1997년에 '다음'은 무료 웹메일(hanmail) 서비스를 시작했고, 2000년에 네이버는 통합 검색을 시작으로 무료 웹 시대 준비를 완료하고 있었다. 이 시기에 천리안은 유료 사용자가 급증해 즐거운 비명을 지르고 있었다. 2000년에 최고 전성기를 맞으면서 1인당 월 1만 원짜리 유료 가입자가 350만 명에, 월 매출만 약 350억 원에 이르고 있었다. 2017년 말 1만 원 수준이던 천리안을 서비스하는 데이콤의 주가도 60만 원대까지 상승하고 있었다.

다수일 때 소수의 의견을 살펴보고, 준비해야 한다.

그렇다면 이렇게 잘나가던 천리안은 왜 몰락하게 되었을까?
첫 번째 이유는, 인터넷 시대에는 많은 사용자를 모은 자가 이긴다는 점을 몰랐기 때문이다. 그 당시 네이버, 페이스북, 트위터는 모두 사용자를 모으는 데 주력하고 있었다. 사람을 모으고 나니까 비즈니스가 자연스럽게 따라온 것이다. 천리안은 2000년 중반까지만 해도 '너희는 무료 서비스지만, 우리는 유료 서비스다. 너희는 공짜가 몇천만 명이지만, 우리는 유료가 몇 백만 명이다'라는 생각을 가지고 있었다.

두 번째는 트렌드를 간과했기 때문이다. 천리안이 빠르게 350만 명의 유료 가입자를 모을 수 있었던 것은 나름대로 이유가 있었다. 인터넷을 사용하기 위해서는 전화 접속을 한 후 인터넷으로 넘어가야 하는 당시의 특수한 구조 때문이었다. ADSL에 이어 VDSL이 합리적인

가격으로 빠른 인터넷을 제공하자 저속의 천리안은 더 이상 존재 가
치가 없어졌다. 그럼에도  불구하고 천리안은 초고속 인터넷을 트렌
드로 인정하지 않았다. 비싼 3~4만 원짜리 ADSL 대신 싼 1만 원짜
리 전화 접속으로 인터넷을 하는 사람이 여전히 있을 것이라는 희망
을 몇 년간 계속 품고 있었다.

라인은 생활문화가 다른 일본에서,
카카오톡은 기업문화가 다른 다음과 성공적인 협업을 수행했다.

그 후 2010년 서비스를 시작한 지 4년 만에 '카카오톡'이 포털 2위
업체인 '다음'을 인수했다. 인수 이후 다음의 웹 서비스는 점차 축소
되고, 서비스의 중심이 모바일로 가고 있다. 카카오는 계속 새로운 분
야를 준비하고 개척해 나가고 있다. 카카오뱅크와 카카오페이를 상
장했고, 카카오 모빌리티는 시장 1위를 기록하고 있으며, 시가총액은
네이버와 엎치락뒤치락하고 있다. 2016년 70개였던 계열사도 2021년
에는 158개로 늘어나 폭발적인 성장을 거듭하고 있다.

사실 천리안에서도 트렌드를 다르게 보는 세력이 있었다. 천리안도
데이콤 내에서 소수였던 시절이 있었지만, 그들이 다수가 된 후에는
다르게 보는 소수를 인정하지 않는 분위기에 젖어 버렸다. 천리안의

구성원들은 경쟁사의 새로운 메뉴와 기능에 질투심을 가지지 않았다. 주력 서비스 사용이 줄어드는 데 무심해지면서 점차 뜨거워지는 물속에서 서서히 죽어가는 개구리가 되고 만 것이다.

죽어가고 있다고 외치는 소수는 암에 걸리지 않기 위해 검진을 하고, 혈액 검사를 하고, 내시경을 보는 것과 같은 역할을 한다. 협업 툴에서 경쟁사의 새로운 메뉴와 기능을 분석해 보고, 자사의 메뉴와 기능을 어떻게 수정하고 보완해야 하는지 토의해 보자. 사업이 잘 되고 있고, 아무 문제없다고 생각한다면 바로 오늘 시작해야 한다.

## 협업팀 지키기

'화무십일홍(花無十日紅)'은 열흘 가는 꽃은 없다는 뜻이다. 초코파이의 오리온은 그냥 장수 기업이 된 것이 아니다. 그들에게는 추운 러시아와 더운 베트남을 다니면서 처음의 마음가짐을 놓지 않고 새로운 시장을 개척한 소수가 있었다.

### ✕ 실패 사례

국내 제약 업계 매출 1위이자 존경받는 기업인 U양행에서 영업 사원에게 업무용 태블릿 PC를 지급하면서 '개인 위치 정보 수집·이용 제공 동의서'를 내도록 했다. 영업 사원들의 이동 궤적을 파악하겠다는 의도가 숨어 있었다. 영업 사원들의 위치 정보를 수집하고 보관하려면 두 가지 법의 요건을 충족해야 한다. 하나는 위치 정보 사업과 위치 기반 서비스 사업의 허가를 득해야 하고, 다른 하나는 직원들의 동의를 받아야 한다.

U양행은 직원들이 이동통신사의 서비스를 이용하고, 이동통신사가 직원들의 동의를 얻는 방법을 택했다. 회사 측은 직원들의 위치를 추적할

의도가 없으며, 태블릿 PC를 잃어버렸을 때 단말기를 찾기 위함이라고 설명했다. 영업 사원들의 성과를 측정하는 방법으로는 여러 가지가 있다. 매출, 수익, 고객만족도 등이면 충분하다.

물론 영업 사원들의 성실도도 중요한 판단 요소다. U양행은 영업 사원들이 많은 약국과 병원을 방문하는 성실도가 성과와 직결된다고 생각했을 수도 있다. 경쟁사들이 시대가 요구하는 다양한 마케팅과 영업 전략으로 협업을 하고 있을 때, U양행은 영업 사원들의 약국과 병원 방문 기록만 챙기고 있었던 것은 아닌지 한 번 돌아봐야 한다.

### ✓ 성공 사례

스탠포드 경영대학원의 짐 콜린스 교수는 《성공하는 기업들의 8가지 습관》에서 혁신 기업 '3M'이 장기적 안목과 전략으로 성공했다고 썼다. 그와 함께 3M이 성공한 제품들은 이것저것 하다가 우연히 이루어진 것이 많다며 강력한 접착제를 만들려다가 실패해서 만든 '포스트잇'이 그 대표적인 사례라고 언급했다.

15%의 여유 시간을 강조하는 3M은 관련 부분과의 협업 정도를 평가하는 경영 방식을 취하고 있다. 회사의 핵심을 유지하면서도 보유한 기술이 고객들에게 어떻게 활용될 수 있을까를 개발자의 입장이 아니라, 고객의 입장에서 살펴보도록 하고 있다. 3M 제품이 다양하면서도 하나하나 쓸모 있는 이유다.

# 07. 큰 품질 vs. 작은 품질

취업이 어려운 상황에서도 두어 개 중 하나를 선택해야 하는 즐거운 고민에 빠지는 경우가 있다. 취업 준비생 A씨는 S사와 T사를 두고 저울질을 하고 있다. 어디나 장단점이 있지만, 어디를 선택해도 후회가 될 것 같아 망설이고 있다.

대학교의 신입생 유치 경쟁이 점점 심화되고 있다. 대학의 입학 정원보다 오히려 입학생이 적어지는 인구 추세가 본격적으로 현실화되고 있기 때문이다. 대학 입장에서 보자면 정말 긴장하지 않을 수 없는 현실이라고 할 수 있다.

이 때문일까? 우리나라 최고의 명문 사립대학이라는 고려대학교와 연세대학교도 홍보 활동에 적극적으로 나서기 시작했다. 고려대학교의 경우에는 서울대학교 경영학과와 직접적으로 비교를 하고 있다. 이에 대해 전통적으로 경영학과에 강점이 있었던 연세대학교가 발끈하고 있는 상황이다. 과연 이러한 경쟁이 중요한 의미가 있는 것일까?

작은 품질도 만들어 내지 못한 협업팀이 큰 품질을 만들어 낼 수는 없다.

최고는 최고라고 외치지 않는다.

최상위권 대학은 사실 홍보가 별로 필요 없다. 최상위권 학생들이 입학을 하기 위해 갖은 노력을 다하기 때문이다. 문제는 중하위권 대학이다. 중하위권의 많은 대학들이 홍보를 위해 '세계적'이라는 용어를 사용한다. 지역의 국립대학조차도 세계 100대 대학을 지향한다고 광고를 하고 있다. 이런 홍보 전략이 과연 얼마나 효과가 있을까?

현재 국내 최고 대학인 서울대학교와 한국과학기술원(KAIST), 포항공과대학교(POSTECH)를 제외하고는 세계 100대 대학에 명함도 못 내미는 상황이다. 지역의 국립대학에서 이렇게 '세계 100대 대학'을 운운한들 입시생과 학부모들의 감흥을 끌어낼 수는 없을 것이다.

만족도는 작은 행복에서 나온다.

세계 100위권에 들어가는 학교라는 것은 매우 큰 장점(Big Quality;

BQ)이다. 각종 고시 합격 1위, 입학생 수능 평균 1%, 대기업 정규직 취업률 1위 같은 요소들도 BQ가 될 수 있다. 그런데 BQ가 높은 대학이라고 해서 작은 장점(Small Quality; SQ)까지 높은 것은 아니다.

실제로 서울대의 SQ는 높지 않은 것으로 나타났다. SQ는 학교 수요자에게 작은 만족을 주는 여러 가지 요소를 말한다. 취업을 위한 각종 지원 제도, 어학교육의 수월성, 통학의 편의성, 커리큘럼, 교직원의 친절성 등이 오히려 학생들에게 높은 매력도로 작용할 수도 있다.

학교의 가치를 높이는 협업이 교수와 교직원 사이에 효과적으로 이루어진 결과가
각종 대학평가 순위로 나타나고 있다.

그렇게 보았을 때, 이제는 '세계 최고'를 말하기보다는 재학 중인 학생의 만족도를 높이는 여러 요소를 지표로 삼아 평가하고, 부족한 것은 개선하는 것이 중요하다. 이런 SQ를 일찌감치 간파하고 학교 개혁에 나선 영남이공대학교, 숙명여자대학교, 성균관대학교의 전략을 살펴볼 필요가 있다. 이 대학교 학생들의 중도 포기율이 얼마인지 다른 학교와 비교하면 어느 정도 답이 나올 것이다.

사무용 프로그램에서도 BQ보다 SQ로 승부가 난 경우를 찾아볼 수가 있다. 최초의 스프레드시트(표계산) 프로그램인 로터스123는 획기적인 기능으로 전 세계 재경 부서에서 가장 많이 쓰는 도구였다. 하지만 MS의 엑셀에 밀려 이제는 50대 이상 임원만 '라떼'로 로터스123를 기억하고 있다. 로터스123의 BQ는 액셀의 BQ에 비해 결코 뒤떨어지지 않았다. 하지만 액셀이 자사의 윈도우에 기반한 SQ를 하나하나씩 추가하면서 가랑비에 옷 젖듯 사라져 버렸다.

로터스는 노츠라는 그룹웨어도 세계 최초로 만들었고, 1위 업체였다. 그러나 웹(Web) 생태계를 이해하지 못하고, 독자 기술을 고집하다가 MS의 익스플로러(IE)에서 작동하는 그룹웨어에 밀려 마이너 솔루션이 되었다. MS의 IE가 시장에서 경쟁력을 잃고 있는 사이, 구글의 크롬 기반에서 작동하는 제품이 새로 나타나기 시작했고, 몇 년 만에 그 제품들이 주류로 자리를 잡았다.

로터스의 노츠가 그룹웨어 1세대였고, MS의 제품군이 2세대라면 자바 기반의 3세대 제품은 BQ가 보편화되어 그룹웨어는 어떤 제품이든 비슷하다는 평판이 생긴 상태가 되었다. 이때 다우오피스가 "우리가 만든 그룹웨어를 다우 그룹에서 직접 씁니다. 수백 명 사용자의 피드백으로 계속 개선해 나가고 있습니다"라는 캐치프레이즈로 단숨에 1위 업체로 도약했다. 'BQ는 비슷할지 몰라도 SQ는 우리가 가장 강하다'를 강조했고, 그것이 시장에서 받아들여진 것이다.

## 협업팀 지키기

우수한 인재를 뽑는 가장 유효한 방법은 초임을 높여주는 것이다. 많은 회사가 이 방법을 쓰고 있다. 하지만 연봉과 같은 BQ를 보고 들어가서 SQ 때문에 이직을 준비하고 있는 선배들은 연봉이 전부가 아니라고 말한다. 기간으로 보았을 때 가장 신중하게 골라야 할 대상은 배우자고, 그 다음이 직장이다. 배우자를 외모만 보고 선택할 수 없듯이, 직장도 외적 요소만 보아서는 안 된다.

데이터베이스 관리 시스템(DBMS)의 최강자는 미국의 '오라클'이다. 국내에서도 오라클은 시장점유율이 60% 수준으로 1등이다. 2등은 MS로 30% 수준이며, 나머지 10%를 기타 제품들이 경쟁하고 있다. 특히 오라클은 금융 업계와 같이 보수적인 기업에서 오랫동안 채택해 왔다. 검증되었고, 안정적이며, 가장 많은 엔지니어가 있기 때문이다.

국내 DBMS의 선두 주자라고 할 수 있는 티맥스데이터의 '티베로'는 오라클을 경쟁 상대로 시장을 공략하고 있다. 가장 큰 시장에서 가장 큰 경쟁자와 상대한다는 전략이다. 티맥스데이터는 시스템 운영체제(OS)에도 도전하고 있다. 개인용 PC의 90% 이상을 점유하고 있는 MS의 윈도우 시장을 뺏어 오겠다는 전략이다.

티맥스데이터 입장에서는 큰 시장이라면 작은 점유율이라도 매출액이 크기 때문에 도전해 볼 만하다. 그러나 일정 수준으로 시장에서 자리를 잡지 못한다면 존립할 수 없을 것이다. 구글의 '안드로이드'와 애플의 'iOS'가 98%를 점유하고 있는 스마트폰 시장에서 MS의 윈도우가 수년간 도전했으나 실패만 거듭하고 있는 것을 타산지석으로 삼을 필요가 있다.

구글과 애플은 먼저 생태계를 조성해서 협업이 가능하도록 했다. MS는 협업할 이유를 만들지 못하고 있는 것이 성공하지 못하는 이유 중 하나다. 티맥스데이터 역시 협업에 대한 디테일이 부족한 상태에서 큰 시장만 바라보면서 1등 회사와 경쟁하고 있다는 자기만족에 빠져 있는 것은 아닌지 살펴볼 필요가 있다.

## ✓ 성공 사례

명함 관리 솔루션은 명함을 스캔해서 자동으로 인식하는 것에서 출발한다. 글자 인식 오류는 기술이 발전함에 따라 개선되고 있지만, 여전히 부족한 부분이 존재한다. 다양해지는 명함의 내용을 분류해 저장하는 것은 자동화로 완전히 해결되지 않고 있다. 그러다 보니 결국 자동 인식 후 사용자가 확인하고 수정하는 절차를 거치고 있다.

하지만 '리멤버'는 사용자가 명함을 찍어 등록하는 것으로 끝난다. 리멤버에서 입력 처리를 해주기 때문이다. 리멤버는 가입한 명함 사용자가 직급, 직책, 회사 등이 변경되었을 때 자동으로 업데이트해 주고, 알림 서비스도 제공하고 있다. 입력하는 부분의 디테일을 개선했기 때문에 리멤버는 출시 두 달 만에 사용자 5만 명을 돌파하면서 입소문을 낳았다.

명함을 스마트폰에 저장하는 것은 전화가 왔을 때 누구인지 확인하기 위함도 있다. 리멤버는 명함이 표출되도록 해서 전화를 한 사람이 누구인지 쉽게 알 수 있도록 했다. 이처럼 리멤버는 명함을 단순히 저장하는 것에서 명함을 활용한 협업으로 확대·발전시킨 디테일로 2014년 1월 베타 서비스 후 2년 만에 가입자 100만 명, 명함 처리 개수 4,000만 장을 돌파했다. 2017년에는 네이버로부터 투자를 받아 포털로 한 단계 더 발전할 기회를 맞고 있다.

'구글'은 좋은 회사다. 이 회사에서 '안정', '믿음', '목표', '역할', '의미'는 중요한 키워드다. 선하고 옳은 것이 반드시 좋은 결과로 이어지는 것은 아니다. 악독한 상사가 승진하고, 교통법규를 지키면 손해를 본다. 바로잡아야 할 혁신은 법조문이나 사규만으로는 해결되지 않는다. 그것은 시작일 뿐이다. 내재화를 위해서는 뼈를 깎는 고통이 수반된다. 대부분의 혁신은 언저리만 흉내 내다 끝나곤 한다.

멀리만 보지 말고 안마당부터 챙기도록 하자. 경쟁자는 나의 가장 약한 곳을 찾아내서 공격한다. 주위의 경계를 소홀히 해서는 안 된다. 큰 것만 지키면 될 것 같지만, 문제는 작은 것에서 비롯된다. 작은 것을 지켜야 큰 것도 지킬 수 있다. 그러나 지키는 것은 쉽지 않다. 무엇을 지킬 것인지 늘 생각하고, 지켜지고 있는지 항상 확인해야 하는 이유다.

## 6장

# 더하기를 넘어서
# 곱하기로 도약한다

—

더할 수 없음을 탓하지 말고,
곱할 수 없음을 두려워하라.

# 01. 더하기 vs. 곱하기

관련 부서와 협력해 시너지를 내라고 말한다. 그러면서 1에 1을 더해 3을 만들라고 말한다. 그러나 1+1로 2는커녕 1.5가 되기 일쑤다. 누구나 3+3=6을 넘어 3×3=9로 만들고 싶을 것이다. 하지만 시너지는 협업 효과에서 협업 비용을 빼야 하고, 많은 경우 협업 비용이 더 클 때가 많다.

시너지(Synergy)를 창출하겠다는 두 회사의 합병 발표가 '두 회사 모두 망하는 길로 갑니다'라고 대중에게 해석될 때가 많다. 온오프라인을 연계해서 사업의 시너지를 극대화하겠다는 전략도 온라인과 오프라인 사업 모두 축소될 것이라고 생각하면 크게 틀리지 않는 전망이 되곤 한다.

시너지는 서로 다른 집단이나 개인이 화학적 결합을 통해 시장에서 잘 적응했을 때의 결과로 얻어진다. 그러나 그 과정에서 우리는 하나의 목표로 포장된 2개의 목표를 달성하기 위해 소모하는 에너지를 간과하기 쉽다. 만약에 동반 상승을 원했으나 동반 하락했다면 시너지를 내기 위한 협업 비용이 협업 효과보다 컸기 때문이다.

협업을 하면 기본적으로 더하기는 될 것이라고 기대하지만,
빼기는 물론 심지어 나누기도 나온다.

시너지 = A의 성과 + B의 성과 + α(협업 효과) - β(협업 비용)

더하기를 잘 하면 시너지가 나올 것이라고 생각하지만, 3+3은 6일
뿐이다. 시너지는 3×3의 상황을 만드는 것이다. 그래야 협업 효과가
더해져서 9가 될 수 있다.

협업 효과는 각자 역할을 더할 때에만 나온다.

협업 효과(α)가 나오려면 각자의 역할을 더해야 한다. 즉, 1보다 큰
성과를 내야 곱하기 효과가 나올 수 있다. 그러나 협업을 핑계로 조직
의 그늘에 숨거나 타 부서에 업무나 책임을 전가하는 등 1보다 못한
성과를 낸다면 협업 비용(β)만 발생하게 된다. 0.9×0.9는 1에 훨씬
못 미치는 0.81이 되는 것과 같은 이치다.

이웃 나라 일본은 개개인으로 보면 보통인데, 팀으로 묶으면 최고
라는 말을 많이 듣는다. 반면에 우리나라는 개개인으로는 최고지만,

팀으로 묶으면 수준 이하가 되는 경우가 많다. 한 명이 부정적인 역할로 마이너스 효과를 내면, 곱하기 결과는 마이너스가 될 수밖에 없다. 따라서 협업이 곱하기 효과를 제대로 내기 위해서는 단순히 더하는 것보다 훨씬 더 정밀하게 조직을 설계하고 운영해야 한다.

협업팀은 언제나 화기애애할 것으로 기대하지만,
과정과 결과에 따라 원수지간이 될 수도 있다.

## 협업 곱하기

일을 시작하는 킥 오프 행사 후, 삼겹살을 먹으며 회식을 할 때는 잘 될 것 같다. 그러나 일이 진행되면 남을 탓하기 시작한다. 협업 비용이 발생하는 시점이다. 이런 경우, 부정적인 요소를 철저하게 규명해서 제거하거나 극복할 계획을 마련해야 한다. 방치하거나 무시한다면 마이너스의 크기는 점점 커질 수밖에 없다.

### 협업 툴 활용 사례

요즘은 고객의 의견을 듣고 불만 등에 대한 답변을 페이스북이나 블로그와 같은 소셜 도구(SNS)에 올린다. 고객이 매일 들락거리는 SNS를 활용하면 홈페이지나 콜센터보다 빨리 고객과 소통할 수가 있다. 고객들과 메시지를 통해 소통한 내역으로 서비스의 문제점과 개선 방안을 도출할 수도 있다. 좋은 사례는 입소문을 통한 마케팅도 가능하다. 하지만 나쁜 사례로 인해 비용이 발생할 수도 있다. 피할 수 있다면 좋겠지만, 고객들이 이미 SNS상에서 그들의 불만을 공유하고 있다면 대응을 해야 한다.

협업 팀원 간에도 SNS를 통해 서로의 의견을 듣고, 불만에 대한 답변을 할 수가 있다. 공격하고 방어하는 제로섬(Zero-Sum) 관계에서 협업 팀원이 서로 더하는 플러스섬(Plus Sum)으로 가야 하고, 협업팀 밖에까지 퍼져 나가는 멀티플섬(Multiple Sum, 곱하기)으로 갈 수 있도록 SNS를 활용해야 한다.

블로그 활용은 더하기를 넘은 곱하기의 전형이다. 고객들의 소리를 전사적으로 듣고 원스톱(One-Stop) 서비스를 하는 경로로 블로그를 만들어야 한다. 블로그를 통해 고객들이 솔루션에 대해 하고 싶은 말을 하고, 답변을 듣고, 매뉴얼은 물론 제품에 대한 새로운 소식도 접할 수 있어야 한다. 누가 어떤 식으로 일하고, 무엇을 추구하며, 어떻게 진행하고 있는지 허심탄회하게 공유하여 고객들과 함께 협업의 가치를 곱하기할 수 있도록 해야 한다.

# 02. 업무 vs. 추진팀

중견 기업 B사는 무슨 일만 생기면 TFT(Task Force Team)를 만들고 워크숍을 열어 문제를 해결하라고 한다. 게다가 워크숍은 근무 시간이 끝난 6시 이후나 토요일에 하라고 하니 TFT에 대한 자발적 참여가 이루어지지 않을 수밖에 없다.

이슈가 생겼다. '부서 내' 일이면 좋겠지만, '부서 간' 일이다. 실무자 간 협의로 해결이 안 되어 결국 사장이 알게 되었다. TFT가 구성되는 순간이다. 사장은 영업부와 기술부 간에 소통이 안 되는 것이 항상 안타깝다. 사실은 영업부 의견에 살짝 더 귀를 기울이고 있는 상황이다. 기술부의 지원이 부족해서 수주가 안 된다는 보고가 여러 차례 있었기 때문이다. 전사 차원의 TFT 외에 기술부에 영업을 지원하기 위한 TFT가 별도로 구성되는 순간이다.

1년 내내 TFT를 구성했지만, 해결되는 일이 없다. TFT가 주 1회씩 회의를 하다가 어느 순간 회의 소집을 안 한다. 되는 일도 없고, 안 된 일도 없는 TFT가 계속된다. 상대편에 대해 기대하는 바도 별로 없다. 영업부는 기술 인력을 보강해 달라고 하고, 기술부는 사전에 수주 기회를 공유해 미리 준비할 수 있도록 해달라고 한다. 그렇게 하겠다고 하고 회의는 끝난다.

협업으로 이루어야 할 목표는 분명하나, 발을 잘못 딛으면 헤어나기 어려울 수도 있다.

치열한 논쟁이 없다는 것은 변방만 다루고 있음을 뜻한다.

그러나 두 부서의 속마음은 전혀 다르다. 따로 모인 기술부는 영업
부를 성토하기 시작한다. 지난번에 A프로젝트를 위해 K기술자를 미
리 뽑아 놓았는데, 수주에 실패했다는 것이다. 할 일이 없는 상태가
6개월이나 지속되는 바람에 결국 K기술자가 퇴사했다는 불만이 터
져 나온다. 반면에 영업부는 K기술자가 A프로젝트에 전혀 쓸모가
없었다고 불만이다. 예전에는 한 명이면 충분히 할 수 있었는데, 두
명 투입으로 원가가 올라가 수주율이 떨어지고 있다고 목소리를 높
인다.

이와 같이 TFT에서 속을 터놓고 논쟁을 하지 못하는 것은 구조적
인 문제라서 하루아침에 해결되지 않기 때문이다. 영업부는 미리 기
술부에 인력을 준비시킨 후 프로젝트를 수주해 1년 내내 투입하는 상

황이 되어야 하는데, 그것이 생각처럼 안 된다. 수주 상황이 매일 달라지고 있기 때문이다. 이를 기술부에 미리 알려준다 해도 단기간 인력 투입일 뿐, 지속적으로 투입할 수 있는 상황이 아니다 보니 TFT에서 뾰족한 답안을 내지 못한다.

### 본질을 직접적으로 다뤄야 성공한다.

위의 사례에서는 기술 인력의 비용 처리가 이슈의 본질이다. 기술부는 영업부가 수주를 못했을 때 어떻게 할 것인지 대답을 듣고 싶다. 가령, "A-1프로젝트는 전략적으로 매우 중요하다. 구체적으로 이런 기술 인력이 필요하니 준비를 해달라. 수주를 놓치더라도 기술 인력의 6개월치 비용은 영업부에서 감당하겠다"와 같은 말을 듣고 싶다. 나아가 "이번 사업 외에도 A-2와 A-3프로젝트가 기술적으로 유사하니 부담 갖지 말고 먼저 채용 요청을 공식적으로 해달라"는 말을 듣고 싶다.

하지만 어느 한쪽의 책임이 100%인 경우는 사실 드물다. 그렇다고 해서 이해관계자에게 균등한 책임이 있는 것은 더더욱 아니다. 이런 경우, 문제를 해결하는 가장 중요한 열쇠는 한 개다. 둘 다 틀리다는 양비론과 둘 다 맞다는 양시론이 양쪽 모두를 움직일 수 있다. 먼저 움직이는 쪽이 있어야 해결이 가능해진다. 여기서는 비용 처리가 열쇠다. 수익자 관점에서 사용자가 비용을 부담하는 것이 해결의 첫걸음이 될 수 있다.

협업팀이 극복해야 할 압력이 한두 개쯤은 있기 마련이다.

## 협업 곱하기

문제가 왜 발생했는지 다들 아는 경우도 많다. 이런 경우에는 그것을 해결하기 위해 다루어야 할 본질을 아무도 말하지 않을 때가 진짜 문제인 것이다. 변방을 두드리는 TFT는 협업 비용만 늘리고, 부서 간 불신만 하나 더 만들면서 흐지부지 끝나게 마련이다. 엔진을 개선하지 않고 자동차의 속도를 높이는 것은 분명한 한계가 있다.

## 협업 툴 활용 사례

네이버 밴드에 TFT가 해결할 문제를 공개하고, 모든 팀원이 댓글로 의견을 달도록 한다. 댓글에 대한 추가 의견은 물론 격려나 우려를 이모티콘으로도 표현할 수 있도록 한다. 꼭 봐야 할 관련자를 선정해서 즉시 알림이 가도록 하고, 주제별로 검색도 할 수 있도록 한다. 이런 공개적 소통은 이메일과 개별적 대면 회의만으로는 얻을 수가 없다. 사장은 TFT에서 논의되고 있는 모든 사항을 모니터링하면서 방향을 잡아 주거나 의사결정을 한다.

다만 조심할 것이 있다. 카카오톡이 초창기에는 알림 기능 추가에 매진하다가 최근에는 알림을 줄이기 위한 기능을 계속 늘리고 있다. 너무 많은 알림은 공해와 같아서 집중을 해친다. 협업 툴은 꼭 필요한 사람에게 알림을 주기 위한 멘션 기능을 제공하고 있다. @홍길동과 같이 사람을 지정하거나 @아직 읽지 않은 사람, @참석자, @불참자 등으로 적재적소(適材適所), 적시(適時)에 알림이 가도록 한다.

# 03. 나의 목표 vs. 너의 목표

성과 달성 목표(*Key Performance Indicator; KPI*)는 기업에서 성과 측정과 보상 기준의 표준이 되었다. KPI는 목표를 설정하고 달성 정도를 측정하는 것으로, 이때에도 고민이 따른다. 모두 초과 달성했을 때에도 KPI는 더 잘한 부서를 구분해서 보상한다. 보상 재원이 한정되어 있기에 결국에는 상대평가로 귀결된다.

1990년 말에는 목표를 설정하고, 달성 정도로 부서를 평가했다. KPI로 표준화된 것은 IMF 이후 미국 기업들의 컨설팅을 받기 시작하면서부터다. GE의 잭 웰치도 큰 영향을 미쳤다. 하위 몇 퍼센트를 경력 전환, 즉 퇴사 조치하는 확실한 기준으로 썼다.

KPI라는 단어에서 일반적으로 연상되는 것이 있다면 무엇이 있을까? 먼저 삼성전자의 경우, '초과 달성', '성과급', '연봉의 50% 지급' 등이 떠오른다. 종종 미달할 때도 있었지만, 2000년 이후 매년 초과 달성이 많았다. 현대자동차도 대략 그랬다.

중견 기업 B사는 어떨까? '미달', '성과급 감축', '과도한 목표', '연봉을 줄이려는 꼼수', '원래 내 봉급이었는데' 등이 떠오른다. 심지어 목표의 80% 미만 달성이면 성과급도 지급하지 않았다. 특히 영업 직군은 책정된 성과급이 기준 연봉의 15%로 적지 않은 금액이었는데도 말이다.

협업팀의 성과를 평가하는 것은 필수다.
팀에 성과가 있을 경우, 초등학교 졸업식 때 모든 학생에게 상장을 하나씩 주듯,
협업 팀원들에게 각자의 역할에 따른 상을 주는 것이 좋다.

### 기업의 올림픽에는 단체전만 있다.

삼성과 현대는 전년 대비 높은 목표를 부여했으나, 달성 가능성이 있었다. 달성하자 정말 성과급도 지급되고, 인센티브도 추가되었다. 1년간 야근을 거듭하고, 팀장에게 시달렸던 기억이 한 번에 날아가는 순간이었다. 이렇게 15년을 해왔다. 반면 B사는 KPI를 도입한 후 목표를 언제 달성했는지 기억이 가물가물하다. 매년 성과급을 생각보다 적게 받았고, KPI는 달성할 수 없는 것으로 변해 버렸다.

그렇다면 이들은 이런 차이를 모르는 것일까? 씀씀이가 다를 뿐, 본질은 잘 알고 있다. 한쪽은 KPI와 연계된 성과급을 격려 수단으로

썼고, 다른 한쪽은 위험 회피 수단으로 썼을 뿐이다. B사는 목표 미달일 때, 성과급을 축소하겠다는 생각에서 도입했을 뿐이다.

협업팀은 나와 동료의 목표 달성 정도를 상대평가해 순위를 매겨서는 안 된다.

또 다른 문제는 성과급 재원이다. 성과를 초과 달성했다고 해서 모두에게 산술적으로 줄 수는 없다. 대개는 어떤 '순서'에 따라 보상을 하게 되는데, 이런 경우에 타 부서의 불행은 곧 나의 행복이 된다. 협업할 이유가 없어지는 것이다. '1박 2일'이라는 프로그램에서 강호동은 팀원들에게 이렇게 외쳤다.

"나만 아니면 돼!"

이런 상황에서 해답은 간단하다. 사장이 협업을 강조한 이유를 다시 생각하면 된다. 협업을 하면 목표 달성이 더 잘 된다고 생각해 추진한 것 아니겠는가?

기업은 스포츠 단체전과 비슷하다. 기업에게 개인전 1위는 큰 의미가 없다. 스포츠 단체전처럼 공동의 목표를 달성해 1위를 하는 것이 중요하다. 동료 선수의 부진이 단체전 성적에 영향을 미치는 것처럼, 타 부서의 불행은 기업 전체에 영향을 미친다는 생각을 해야 한다. 이때 KPI와 협업을 연계해 보라. 타 부서의 행복이 곧 나의 행복이 될 것이다.

## 협업 곱하기

KPI는 격려의 수단으로 시작해야 한다. 목표는 능력을 최고로 발휘하고, 노력을 최대한 하도록 하는 것이어야 한다. 목표에 사인하는 순간 '올해도 틀렸군!'이 아니라, 어렵지만 할 수 있다는 마음가짐을 갖게 한다면 성공적인 KPI라고 할 수 있다. 목표를 높게 설정해 주어야 그나마 움직인다는 생각이 잘못된 것은 아니다. 문제는 목표에 10% 미달했다고 KPI에 따른 성과 보상을 하지 않는다는 것에 있다. KPI를 접근 동기로 쓰면 양(+)의 곱하기가 되지만, 회피 수단으로 사용하면 음(−)의 곱하기가 되어 부작용 역시 배가된다.

### 협업 툴 활용 사례

KPI는 결과에 따른 보상만을 위한 도구가 아니라, 같이 달성해야 할 협업 목표다. 프로젝트 관리 시스템(Project Management Systems; PMS)은 목표를 세우고, 세부 과제를 설정하며, 일정을 수립하고, 담당자를 지정해 협업이 원활하게 진행되도록 지원해 준다.

프로젝트 관리 자체에 집중하고 싶다면 MS Project가 유용하다. 하지만 전문적인 프로그램이어서 가볍게 사용하기에는 쉽지 않다. 웹 환경에서 좀 더 쉽게 관리할 수 있는 외국계 프로그램으로는 지라와 아사나 등이 있다. 처음 접근은 어렵지 않지만, 우리나라와 문화적 차이를 느낄 수가 있다. 국내 기업들은 프로젝트 단계별 진행 상황을 한눈으로 보면서 공유하고, 관리하는 것을 더 선호한다. 협업 툴은 국내 기업의 문화를 이해한 도구로서, 공동의 목표와 협업을 구체적으로 실현하도록 지원해 준다.

# 04. 현대차/기아차 vs. 현대기아차

1997년 외환 위기의 중심에는 기아자동차가 있었다. 1998년 기아차의 매출은 4.5조 원 수준이었지만, 적자는 6.5조 원을 넘어서고 있었다. 현대차가 지분 51%를 확보하면서 동반 부실에 빠질 것이라는 우려도 많았지만, 인수 후 22개월 만에 법정관리를 벗어났다. 웅진, 두산, 금호 등이 부실기업들을 인수한 후 망가지는 상황에서 현대기아차는 1998년 이후 제대로 된 협업을 보여주고 있다.

현대차가 기아차를 인수한 배경에는 고 정주영 회장의 결단이 있었다고 한다. 인수 당시 현대차의 거의 모든 임원들은 기아차 인수를 반대했다고 한다. 하지만 정주영 회장은 "삼성이 기아차를 인수한다면 어떻게 되겠느냐?"고 되물어 이 논의를 한마디로 정리했다고 한다.

당시 기아차는 전문 경영인 체제였다. 앞서 전문 경영인과의 협업을 다시 한 번 떠올려 보라. 기아차의 보고서는 현대차보다 훨씬 깔끔했다. 살펴보아야 할 내용도 빠짐없이 있었다. 기아차 직원들은 현대차의 허술한 보고서를 보고 '이런 회사에 인수되다니' 하며 탄식했다고 한다.

피인수 회사 입장에서 인수사는 점령군이다.

피인수 회사인 기아차 임직원 입장에서 현대차가 인수하고 나면 인력 구조조정을 단행할 것이라고 생각하는 것은 자연스러운 이치였다. 실제로 많은 직원들이 현대차가 들어오기 전에 이직을 생각하고, 행동에 옮겼다. 실제로 많은 회사들이 그렇게 구조조정을 한다. 최근 한화가 삼성의 방산 업체를 인수한 후 일어난 일이기도 하다.

합병 후 진행되는 협업팀은 얻을 것과 잃을 것을 생각한다.
한쪽은 끼우려고 하고, 한쪽은 빼려 하고 있지는 않는지 살펴보아야 한다.

현대차는 기아차에 인위적인 구조조정이 없다고 했다.

현대차는 구조조정이 없다는 말을 실행에 옮겼다. 지금도 연구개발은 남양연구소에서 같이 한다. 현대차와 기아차는 플랫폼을 공유한다. 연구개발 부문 통합에 이어 구매 부문도 통합했다. 현재 현대기아차는 1년에 100조 원 이상을 구매한다. 양사가 통합해서 구매함에 따라 절약되는 비용이 어림잡아 1%만 된다고 가정해도 1조 원이다. 부품 공용화는 당연한 수순이다.

'따로 또 같이'를 실현한다.

전산 시스템 부문도 화학적으로 합쳐 '현대오토에버'에 모았다. 현대차와 기아차의 전산 시스템을 총괄하는 이른바 CIO(Chief Information Officer) 조직 역시 통합했다. 이들은 공간은 물론 인력도 서로 공유했다. 소속은 현대차와 기아차로 나눠져 있지만, 조직은 완전히 섞어 놓았다. 책상에 붙은 명찰은 현대차의 파란색과 기아차의 빨간색으로 다르지만, 팀장과 팀원은 소속을 구분하지 않고 일하고 있다. 그들 모두 현대기아차의 일원으로 전산 시스템을 기획하기 때문이다.

최근에 이렇게 진정성 있는 협업을 통해 현대기아차는 글로벌 Top5 제조사로 발돋움했다. 기아차는 1998년 매출 4~5조 원 수준에서 현대기아차로 합쳐진 후 2021년 매출 69조 8,624억 원으로 몸집이 15배나 커졌다.

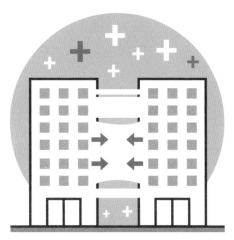

합병 후 협업은 상대방이 들어올 수 있도록 양쪽 집 문을 열어야 가능하다.

## 협업 곱하기

현대차가 기아차를 인수한 후 과점 체제가 되면서 많은 비판을 받고 있다. 현대기아차가 경쟁력을 갖게 된 이유 중 하나는 양사의 협업, 즉 각자의 개성을 유지하면서도 화학적 결합을 제대로 이루었기 때문이다. 현대차와 기아차가 협업을 했듯이, 협력사와도 진정성 있게 상생하는 협업을 한다면 더욱 튼튼한 글로벌 경쟁력을 확보하게 될 것이다. 모쪼록 국민과의 협업으로 사랑받는 국민차가 되면 더할 나위가 없겠다.

### 협업 툴 활용 사례

2개의 회사가 물리적으로 통합한 후, 화학적 결합이 안 되어 각각 운영했던 것보다 실적이 떨어지는 경우가 많다. 여러 가지 이유가 있을 것이다. 그 대표적인 이유 중 하나가 정보를 서로 공유하지 않고, 공동 작업을 하지 않기 때문이다. 2개의 회사를 하나로 묶기 위해 자료를 공동으로 관리하는 방법도 효과적이다.

가령, PC에 저장하고 비공식적으로 공유하던 문서를 회사의 공동 저장장치에만 보관하도록 한다. 그리고 보관된 자료는 보안을 강화하되 공유는 권장하도록 해서 화학적 결합을 견인하도록 한다. 공동 저장장치로는 구글 드라이브, 네이버 클라우드, 드롭 박스 등을 사용한다.

협업 툴은 여기서 한걸음 더 나아간 보관 시스템을 제공한다. 메신저로 주고받은 파일, 뉴스피드와 댓글로 첨부한 파일 등을 자동으로 보관하고, 저자와 워드, 액셀, 파워포인트, 그림 등 파일 형식으로 검색이 가능하도록 해준다. 협업 중 공유된 파일이 자동 저장되는 것이므로 사용이 매우 편리하다. 파일 용량과 보관 기간에 제한이 없는 것도 큰 매력이다.

# 05. 이스라엘 군대 vs. 한국 군대

그저 한 명의 사병일 뿐이었지만, 복무 기간 동안 누구에게도 거수 경례를 해본 적이 없다. 이스라엘 군인은 계급장이 아니라 무엇을 잘할 수 있는지에 따라 역할이 결정된다.

이스라엘 군대는 명령을 전달하고 따른다는 의미가 임무를 완수하기 위한 사람들의 테두리 안에서 정해진다고 생각한다. 그들에게는 나이와 계층 간 갈등을 초래하는 계급이 별로 중요하지 않다.

이렇게 서열과 상하관계를 최소화한 비계급주의 시스템은 우리나라를 비롯해 다른 나라 군대에서는 찾아보기가 힘들다. 미국 군대만 해도 소령이 들어오면 모든 대위가 경직되고, 대령이 들어오면 소령 또한 긴장한다. 우리나라는 상위 계급자가 생활관에 들어오면 긴장하는 정도에 그치지 않는다. 소위 '동작 그만!'이다.

심지어 이스라엘에서는 사병이 장교를 내쫓는 투표도 한다. 당사자에게 가서 당신은 능력이 부족하니 우리를 지휘할 수 없다고 말하기까지 한다. 존칭이 없으니 이름을 부르면서 말이다. 또한 그의 상관에게 가서 그는 경질되어야 한다고 말하는 경우도 있다. 계급보다는 개인의 자질과 능력을 중시하는 문화 때문에 가능한 일이다.

명령에 따라 살고 명령에 따라 죽는 군대에서도 협업은 필요하다.

협업팀 구성은 자질과 능력만으로 이루어져야 한다.

우리나라의 관념상 이러한 행동은 과도한 측면이 있다. 아무나 상위 계급자가 되는 것도 아니고, 그만한 자질과 능력이 있는 경우가 더 많기 때문이다. 계급장을 떼고도 팀워크가 작동해야겠지만, 계급이 아닌 그의 자질과 능력을 인정하고, 믿고 따르는 상황이 되는 것이 더욱 중요할 것이다.

MBC '진짜 사나이'가 최악의 협업팀이 될 수도 있다.

2015년부터 2016년까지 방영된 MBC의 '진짜 사나이'를 기억하는가? 훈련 과정을 통해 하나씩 목표를 성취해 나가는 모습으로 큰 인기를 끌었다. 여기서 훈련 과정은 달성 아니면 벌칙이 가해지는 스파르타 방식으로, 상하관계에 의한 것이었다.

그러나 아쉽게도 잘 하는 분야가 무엇이고, 그것을 어떻게 쓸 것인지에 대한 노력은 보여주지 못했다. 잘 달리는 사병, 힘이 센 사병, 몸은 약하지만 공간 감각이 뛰어난 사병 등 자신의 자질과 능력을 팀에 조화롭게 쓰는 모습을 보여주었더라면 더욱 좋았을 것이다. 가장 뒤처졌던 출연자가 끝까지 노력하는 모습과 함께 그가 팀에 기여하는 모습을 보여주었더라면 어땠을까 하는 아쉬움이 든다.

개개인은 각기 다른 자리에 있지만, 멀리서 크게 보면 모두가 협업하는 것을 알 수 있다.

### 협업 곱하기

이스라엘 군대는 무질서해 보인다. 군대의 생명은 상명하복과 일사불란함이라고 생각하는 사람에게는 큰 문화적 충격을 준다. 구성원 모두가 전투를 잘 해서 이기는 방법만 생각하면서 서슴없이 질문하고 답하며, 지휘자는 "돌격 앞으로!"가 아니라 "나를 따르라!"를 외친다. 세계 최강 군대의 모습이다.

## 협업 툴 활용 사례

후임자를 훈련시키는 방법 중 하나가 멘토 – 멘토링이다. 하지만 현장에서는 자료 몇 개 던져주고, 식사나 몇 번 하면서 회사 분위기를 전달하는 것에 그치는 경우가 많다. 미국 군대가 강한 이유는 체계화된 매뉴얼을 갖고 있고, 매뉴얼대로 수행하기 때문이다. 우리나라도 사건, 사고가 터지면 매뉴얼이 있나, 없나를 따진다. 후임자에게 가장 효과적인 것은 선임자가 정리해 놓은 매뉴얼을 익히는 것이다.

외부 지식은 위키피디아를 이용해도 상관없다. 구글 검색은 거의 모든 해답을 갖고 있다. 페이스북에 폐쇄적인 그룹을 만들거나 네이버 카페를 개설해서 회사 전용 위키피디아와 지식인을 무료로 만들 수도 있다. 협업 툴을 활용하면 매뉴얼은 물론 매뉴얼에 담을 수 없는 내용, 가령 고객과 소통한 내용이나 회사 내의 관계자와 주고받은 사항 등과 같은 생생한 정보와 지식을 후임자에게 전달할 수가 있다.

# 06. 팀장 있는 팀 vs. 팀장 없는 팀

과거 법대 수석 입학자의 꿈은 대부분 사법고시 합격이었다. 즉, 관료가 되겠다는 뜻이었다. 행정고시나 외무고시에도 나라의 최고 인재들이 몰렸다. 이와 같은 최고 인재, 즉 관료의 업무 수행 방법을 '관료주의(!)'라고 한다.

국내에서 전사적 자원관리(ERP) 시스템 시장을 굳건히 지키던 '영림원'이 2015년에 팀장을 없애는 조직 개편을 단행했다. 영림원은 그와 더불어 영업이나 컨설팅처럼 기능별로 나눠져 있던 조직을 고객 단위로 묶어서 팀을 만들었다. 이러한 조직 개편은 기능별로 했다가, 고객별로 했다가 하는 것이 일상이었기 때문에 특이할 것은 없었다. 조직에 문제가 있거나 성과가 떨어지면 매년 붙였다 떼었다 했으니까 말이다.

그런데 영림원은 조직 개편과 함께 팀장을 아예 없애 버렸다. 조직 개편 후 "요즘 어떻습니까?"라고 물었더니 실험이 계속되고 있다는 답변이 돌아왔다.

협업은 팀장 대 팀원이 아니라 주도자와 조력자의 구조를 가진다.

내 휴가보다 팀장의 휴가를 더 기다릴 때가 있다.

유(有)팀장만 경험한 우리는 무(無)팀장일 때를 상상해 보곤 한다. 팀제는 기존의 과-부-본부 등과 같은 계층구조에서 나타난 느린 의사결정, 관료화 등을 막고, 팀원-팀장 구조를 통해 빠른 의사결정과 팀워크로 성과를 얻고자 만들어진 것이다.

처음에는 교과서처럼 팀을 구성하고, 팀의 최상위자는 최종의사결정자(CEO)가 되도록 만들었다. 그러나 점차 시간이 흐르면서 많은 회사가 팀을 기본으로 하되 상위 조직을 만들고 있다. 부-과-계 구조가 그룹, 본부, 부문 등으로 이름만 바뀐 것이다.

반대로 팀제를 도입한 후, 오히려 팀 아래에 그룹, 부문을 둔 경우도 있다. 대체로 팀장은 '소대'와 같이 조직의 기본 구성 단위를 구성하는데, 반대로 된 경우에는 "팀장입니다"라며 나타난 사람이 전무급쯤 되는 일도 있다. 우리나라에 최초로 소개된 팀제를 교과서처럼 운영하는 곳은 이제 스타트업 말고는 없어 보인다.

필자가 생각하기에 무(無)팀장 조직은 이런 모습일 것 같다. 업무

분장은 좀 더 세분화될 것이고, 권한과 책임은 점점 더 세밀하게 정의하고 문서화될 것이다. 심지어 합의제도 생길 것으로 예상된다. 이런 일은 적어도 세 사람이 동의해야 진행한다는 식으로 말이다. 실력을 발휘하는 뜻밖의 인재도 생겨날 것이다. 하지만 손익에서 '손(損)'이 생기기 시작하면 바로 자멸할 것으로 판단된다.

## 팀장이 없어도 팀은 돌아간다.

팀장 없는 조직은 2007년에 '브라이언 로버트슨' 박사가 고안해 소개했다. 홀라크라시(Holacracy)는 수직적 위계질서를 없애 의사결정의 효율성을 도모하는 경영조직이다. 미국의 '자포스'에서 도입했다. 자포스에서는 자율성을 갖는 '서클'이란 조직이 프로젝트나 업무 단위로 구성되어 팀장 없이 이른바 홀라크라시로 운영된다. 관료주의(Bureaucracy)의 폐해를 극복하기 위한 협업 방법 중 하나로 시도된 홀라크라시가 과연 우리나라의 영림원을 통해 성공 사례가 될 수 있을지 자못 기대가 된다.

때로는 팀장 없이 같은 직급과 연령으로 협업이 진행되도록 하는 것이 효과적이다.

## 협업 곱하기

팀장 없는 조직은 팀원 모두가 사업가가 되고, 그 과실을 직접적으로 가지는 구조가 잘 작동할 때 성공할 수 있을 것이다. 이런 혁신적인 방법은 초기에 의사소통이 혼란스러워지고, 손실이 나는 등 부작용도 발생할 수 있다. 이를 최소화하기 위해 효과적인 소통 도구를 마련해 주어야 할 것이다.

### 협업 툴 활용 사례

팀장과 팀원 간의 대화는 의견 수렴 형태를 가질 수도 있으나, 결과적으로는 지시와 이행이 되기 쉽다. 수평화된 조직에서는 주도자가 있고, 협업하는 자가 존재한다. 그런 조직에서는 지시 대신 요청을, 이행 대신 지원을 하게 된다. 협업 툴을 이용해서 요청 – 지원 시스템을 만들면 수평적인 협업이 이루어도록 할 수 있다. 협업 툴은 해야 할 업무에 대해 주도자를 정하고, 관련자와 협의해 진행할 수 있도록 하여 수평적 협업을 더욱 원활하게 해준다.

# 07. 가상 묶음 vs. 따로따로

컴퓨터 시스템은 하나의 운영체제(OS)와 하나의 응용프로그램(Application Program)으로 구성된다. 업무가 늘어나고 사용자가 증가할수록 시스템을 추가해 분업하는 체계로 나아가게 된다. 최근 들어 분업화된 시스템을 협업화해서 자원을 공유하고, 필요한 곳에 자원을 더 할당하는 신기술들이 등장했다.

인터넷 데이터 센터(Internet Data Center; IDC)에 가보면 컴퓨터 시스템(서버)이 일렬로 정렬된 것을 볼 수 있다. 서버를 모아둔 전산실이라는 곳이다. 이곳은 기계의 특성상 발열이 있기 때문에 식혀줘야 한다. 반대로 너무 추워서도 안 된다. 항온장치가 필요한 이유다. 또한 습기에도 민감하기 때문에 항습장치도 있어야 한다.

서버는 통상 하나의 운영체제와 하나의 응용프로그램으로 구성된다. 사용자도 제한적이다. 기업이 성장하면서 업무가 증가하면 서버를 추가해야 한다. 사용자까지 증가하면 서버는 곱하기로 늘어나게 된다. 기하급수적이라는 표현이 결코 틀리지 않다. 서버의 증가에 따라 하드웨어 구매 비용도 올라가고, 전기 사용료도 증가하며, 공간도 더욱 필요해지고, 관리하는 인력도 늘어난다.

전통적인 조직을 하루아침에 버릴 수는 없다.
협업과 소통을 위한 온라인 도구로 이를 보완해야 한다.

황당한 점은 A서버는 놀고 있는데도 바쁜 B서버를 도와주지 못한다는 것이다. 그렇게 되면 결국 B서버를 증설해야 한다. 시기적으로 보았을 때 피크 타임을 위해 서버를 증설하는 것으로, 그때만 지나면 증설한 서버는 놀고 있다. 대학의 경우, 대학입시 기간과 수강신청 기간이 대표적이다. 연말정산도 며칠 사이에 해야 하므로 그 시기에 집중적으로 서버가 요구된다. 분업 체계에서 일어나는 기계의 과부하도 이와 마찬가지다.

가상화는 논리적 협업 체계를 물리적으로 실현한 것이다.

'가상화(假想化, Virtualization)'란 CPU, 메모리, 디스크와 같은 서버의 물리적 자원을 논리적으로 통합해서 사용자의 요구에 맞게 나누어 쓸 수 있도록 하는 기술을 말한다. 이에 대한 이론은 1960년대 말에 확립되었다. 당시에는 하나의 서버로 하나의 일을 하는 데 갖고 있는 모든 자원을 쓸 때였다. 나누어 쓸 여력이 없었으므로 이론적으로만 존재했다. 그러다가 최근 들어 CPU, 메모리 등 하드웨어의 용량이 커지고 속도가 빨라지면서 현실화되었다.

한 대의 물리적 서버를 여러 대의 서버인 것처럼 논리적으로 나누는 것을 '서버 가상화'라고 한다. PC에 운영체제와 응용프로그램을 두지 않고, 서버에 있는 자원을 나누어 쓰는 것은 '데스크톱 가상화'라고 한다. 이와 마찬가지로 저장장치를 나누어 쓰는 '스토리지 가상화', 네트워크를 나누어 쓰는 '네트워크 가상화'도 있다.

협업 조직은 가상의 톱니바퀴가 맞물려 돌아가는 구조다.

약간의 여유는 협업의 필수 조건이다.

이와 같이 가상화를 하면 비용이 대폭 절감된다. 하드웨어, 전기, 공간, 관리 인력을 줄일 수 있기 때문이다. 더욱 좋은 것은 남는 쪽에서 부족한 쪽을 도와줄 수 있다는 것이다. 하지만 여기서 놓치면 안될 것이 있다. 가상화는 여러 가지 일을 동시에 할 수 있는 여력이 있기 때문에 실현된 것이다. 한 사람이 여러 가지 일을 하지 못하는 환경이라면 가상화라는 협업은 오히려 효율을 떨어뜨릴 수 있다.

**협업 곱하기**

일에 허덕이는 팀원에게 협업은 빛 좋은 개살구일 뿐이다. 80%는 자신의 일에 집중하고, 20%는 같이 일할 수 있도록 여유를 갖게 하는 것이 협업의 효과를 120% 낼 수 있는 방법이다.

### 협업 툴 활용 사례

'가상화 조직'은 하나의 조직에 소속된 것이 아니라, 추진하는 업무와 관련된 협업팀에 참여하는 조직을 말한다. 이런 경우, 네이버 카페나 밴드를 개설해서 신청과 승인 등을 무료로 처리할 수도 있을 것이다. 카카오톡은 개인적인 대화, 네이버 라인은 업무 용도로 활용하는 것도 생각해볼 수 있다.

유료 그룹웨어는 다양한 형태로 조직을 구성하고, 필요한 사람이 참여할 수 있도록 해준다. 가상화된 조직으로 메일 송수신, 전자결재 등도 손쉽게 할 수 있다. 다만, 그룹웨어는 전결 규정, 사규 등에 따라 작동하도록 설계되어 있어 가상 조직을 운영하는 데 자유롭지 못한 부분이 있다. 할 수 없는 것은 아니지만, 불편함을 감수하고 이를 진행한다면 효율이 떨어져 '역시 가상 조직은 안되는 것'으로 치부할 수도 있다.

반면에 협업 툴은 가상 조직을 만들고 운영하는 데 매우 용이하다. 자료 관리, 알림, 일정 등을 공식 조직과 동일 수준으로 사용할 수 있게 해준다.

# 08. 하버드대 vs. 서울대

　미국 드라마 '하버드대학의 공부 벌레들(The Paper Chase)'에서는 날카로운 질문을 통한 교육과 엄격함으로 유명한 킹스필드 교수가 등장한다. 그는 모든 학생이 힘들어 할 만큼 두려운 대상이고, 존경하는 스승이기도 하다. 이 드라마에서 그는 매년 한 번씩 엄청난 과제를 학생들에게 던져줘 도서관 자료를 선점하기 위한 쟁탈전을 벌어지게 한다. 이른바 '도서관 청소'다.

　'하버드대학의 공부 벌레들'은 1973년에 미국에서 최초로 방영되었고, 그 후 우리나라에서는 80년대 중반에 방영된 인기 드라마다. 이 드라마를 알고 있다면 연령대를 대략 짐작할 수 있겠다. 이 드라마에서는 미국 로스쿨의 교육 방법이자 산파술이라고 할 수 있는 '소크라틱 메소드'를 장면 곳곳에서 보여주고, '킹스필드' 교수의 엄격한 가르침 아래 학생들이 힘들게 판례를 공부하는 모습을 비춰준다. 이 드라마는 미네소타대학교에서 학부를 마치고 입학한 주인공 '하트'가 주인공으로, 친구들과 킹스필드 교수, 킹스필드 교수의 딸과 얽히면서 성장하는 내용을 다루고 있다.

개인도, 그룹도 할 수 없는 일이 있다.

국내 대학의 로스쿨에서도 이런 식으로 공부를 하는지는 잘 모르겠다. 어쨌든 미국의 로스쿨은 혼자 힘만으로는 과정을 이수할 수가 없다. 과제의 양이 엄청나기 때문이다. 그래서 누구나 최소한 하나의 스터디 그룹에 가입해 있다. 협업이 강제되는 상황인 것이다.

킹스필드 교수는 학생들에게 매년 한차례씩 엄청난 과제를 내준다. 혼자는 물론 1개의 스터디 그룹에서도 할 수 없을 정도로 많은 과제를 내준다. 과제를 수행하기 위해 무엇보다 중요한 것은 자료를 확보하는 일이다. 자연스레 도서관에서는 전쟁이 벌어진다. 각 스터디 그룹이 도서관을 휩쓸고 지나가면 자료가 싹 없어지는 청소가 이루어진다. 결국 아무도, 어떤 그룹도 과제를 수행할 만큼 자료를 확보하지 못하는 상황이 된다.

가만히 있는데 최고의 인재가 협업팀에 와서 최상의 성과를 만드는 것은 아니다.

밑바탕에는 계약관계가 깔려 있다.

그러면 학생들은 공황 상태(Panic)에 빠진다. 처음에는 제대로 과제를 수행한 어떠한 개인이나 그룹도 나타나지 않는다. 하지만 결국에는 주인공이 문제를 풀어내고, 주어진 과제를 해결한다. 킹스필드 교수의 전공은 계약법이다. 과제의 목적은 확보된 자료와 모자라는 자료를 공유하는 계약을 체결하는 데 있다. 그냥 공유하면 똑같은 답이 나오게 된다. 그것을 공유한 그룹은 모두 낙제점을 받는다. 공유하되 동일한 답이 나오지 않도록 계약을 하는 것이 실제 과제라고 할 수 있다. 킹스필드 교수는 이런 과정을 통해 학생들에게 계약의 중요성과 어려움을 깨닫게 한다.

결론적으로 보면, 우리가 실행해야 할 협업도 내면적으로는 이런 과정을 담고 있는 것이 아닐까? 협업이 자신의 희생으로 진행된다거나, 공유라는 미명 하에 본래 자신이 가진 권리나 기득권을 포기해야 한다면 어느 누가 자신의 노하우를 꺼내 놓겠는가. 협업의 과실을 공헌한 만큼 되돌려 받는 계약관계가 있어야 사람들은 자신이 가진 모든 것을 쏟아내기 시작할 것이다.

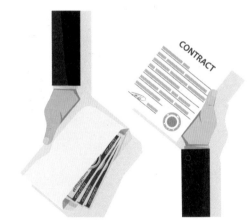

협업은 양측이 복잡한 상황에서 이익과 손해를 같이 감수하자는 계약이 내면에 깔려 있다.

## 협업 곱하기

직장은 계약관계다. 근로계약, 임용계약 등 계약 하에 일하는 것이다. "주인의식을 갖고 일해"라고 말하는 것은 주인 대접을 제대로 하지 않고 있다는 증거다. 협업팀에도 암묵적으로 계약관계가 존재한다. 우리는 종종 앞에서 애써 무시하고, 뒤에서 찜찜해 한다. 분명히 할 것은 확실하게 짚고 넘어가야 한다.

### 협업 툴 활용 사례

업무를 지시하거나 의뢰하고, 이를 수용해서 진행하겠다는 것은 협업 계약이 성사되었다는 것을 의미한다. 팀장의 지시와 의뢰를 법적 · 도덕적 이유로 거부하는 프로세스도 마련해 둘 필요가 있다. 계약의 성격으로 이루어진 업무는 검수가 있어야 하며, 업무 종결에 따른 평가로 이어져야 한다. 업무는 각각 책임자와 작업자 등으로 나누어 역할 분담을 해야 한다. 지시와 수용 프로세스와 업무별 · 작업자별 통계 기능이 필요한 이유다.

협업 툴은 이런 측면에서 간결한 해법을 제공해 주고 있다. 요청한 안건에 대한 처리 일정과 시간을 기록하고, 관리함으로써 처리 여부를 분명히 해준다. 또한 반대로 요청된 안건에 대한 사유와 함께 처리 불가, 보류 등을 분명히 밝힐 수 있도록 하여 막연히 기다리지 않고 일을 제대로 진행하도록 해준다.

# 09. KT vs. LGU⁺

식당 개업 후 폐업까지의 기간이 점점 짧아지고 있다. 그럼에도 불구하고 임대료가 계속 오르는 모순적 상황이 계속되고 있다. 식당 자리는 그대로인데, 식당을 운영하겠다는 수요가 계속 증가하고 있기 때문이다.

명예롭지도 못하고, 희망하지도 않은 퇴직을 한 후 사람들이 그나마 할 수 있는 것이 먹거리를 파는 장사다. 어느 집이건 집집마다 조리법 하나씩은 있기 때문이다. 정말 불안하면 프랜차이즈부터 시작해 보는 것도 방법이다. 아무튼 사람들은 퇴직을 하고 나면 외식 업계 쪽을 한 번쯤 생각하게 된다.

강남 뱅뱅사거리 근처의 한 유명한 갈비탕이 있다. 이 집은 저녁에는 쇠갈비가 주된 메뉴다. 낮에는 쇠갈비의 부산물인 갈비뼈로 갈비탕을 만들어 판다. 그렇다 보니 갈비탕 수량이 한정적이다. 전날 얻은 갈비뼈로 만들다 보니 최대 수량이 100그릇에 불과하다. 이 집 갈비탕을 먹으려면 선착순 100명 안에 들어야 한다. 오전 11시 30분이 넘으면 마지막 티켓조차 받기 힘들다. 그래서 여기는 11시가 점심시간의 절정이다.

점심과 저녁 모두 장사가 잘 되면 좋겠지만, 이 갈비탕집은 매우 특별한 사례라 할 수 있다. 치킨집에서 저녁에는 치킨을 팔고, 남은 뼈로 다음날 점심에 닭곰탕을 팔면 얼마나 좋겠는가. 하지만 그렇게는 잘 되지 않는다. 주로 점심 식사를 파는 칼국수집의 경우, 저녁 메뉴를 만들어 보지만 이것은 완전히 다른 비즈니스다.

같지만 다른 것이 한 곳에서 이루어지는 것이 협업이다.

치킨과 돈가스는 같은 기름으로 튀긴다.

저녁에 치킨을 튀기는 시설의 경우, 점심 때 돈가스를 튀기는 데 활용할 수 있다. 치킨의 노하우를 돈가스에 적용하면 경쟁력 있는 돈가스가 나올 수도 있다. 점심과 저녁에 연이어 이용할 경우, 할인을 하는 것도 고객 확보에 도움이 될 것이다. 양배추 샐러드는 공통 식자재이므로 원가도 절감될 것이다.

하지만 치킨과 돈가스는 완전히 다른 음식이다. 둘 다 잘 하기란 정말 쉽지 않다. 이런 경우, 점심과 저녁을 각기 다른 사람이 만들어 파는 것도 한 가지 방법이다. 거창하게 '공유경제'라는 말을 꺼내지 않아도 이것은 실행이 가능하다.

지하철에서 KT와 LGU⁺의 통화 품질은 같다.

KT와 LGT(LGU⁺ 전신)가 처음 이동통신 사업을 할 때는 신세기통
신, 한솔 등 여러 통신 사업자가 있었다. 당시에는 업체마다 각기 전
파 시설을 지하철에 설치하는 상황이었다. 그래서 이를 개선하기 위
해 당시 정보통신부는 한국전파기지국이라는 회사를 설립, 지하철에
서 공동으로 시설을 사용하도록 사실상 강제 조치를 취했다. 결과적
으로 시설을 같이 쓰도록 한 것이다. 먼저 시설을 설치한 SK텔레콤과
달리 KT와 LGT가 지하철에서 통화 품질이 같은 이유다.

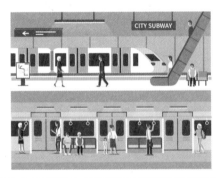

협업은 지하 공간을 공유하면서 다수의 차량과 사람이 동시에 움직이는 것과 같다.

초기 이동통신 사업에 KT(016), LG(019), 신세기(017), 한솔(018)이
뛰어들었을 때에는 통신 시설이 품질을 좌우했다. 강원도에 소재한
콘도에 갔을 때, SKT는 거실에서 통화가 되었지만, KT는 베란다에
나가야 되었고, LGT는 아예 밖에서만 될 때가 있었다. 통화료가 비
싸도 굳이 SKT(011)를 쓰는 이유였다.

20대 여성에게는 여기에 자존심까지 더해졌다. 다섯 명이 모여서
서로 전화번호를 알려주는데, 네 명은 011이고, 나머지 한 명은 016

이나 019를 썼다. 이때 011을 사용하지 않으면 '요즘 사정이 좋지 않은가 보구나!' 하면서 통화 품질이 나쁘지만 가격이 싼 019를 쓰는 것으로 인식하는 분위기가 형성될 정도였다.

2023년 현재, 이런 통화 품질 경쟁은 사실상 의미가 없어졌다. 이제 우리가 맞닥뜨린 5G 세상에서는 공용 시설이 더욱 많아져야 한다. 경쟁력의 원천이 근본적으로 변화했기 때문이다.

---

### 협업 곱하기

첨예한 경쟁 상황에서는 오히려 협업할 분야가 더 많을 수도 있다. 이 동통신 3사는 경쟁자가 그들 스스로가 아니라 카카오톡과 페이스북이 되었다는 사실을 이미 알고 있다. 협업할 이유가 이미 있는데 하지 않는다면 3사 모두 지는 상황이 된다. 같은 기름으로 한쪽은 돈가스, 다른 한쪽은 치킨을 파는 구조가 필요하다.

---

#### 협업 툴 활용 사례

문서 작업은 팀장과 팀원 간에 검토와 수정의 연속이다. 출력해서 팀장에게 제출하면 팀장이 빨간 펜으로 수정을 지시하고, 팀원이 수정해서 다시 제출하는 뫼비우스의 띠와 같다. 종이로 하거나 파일로 하거나 노력의 차이는 크게 없다.

이런 경우, 하나의 파일에서 공동으로 편집을 하면 생산성을 배가시킬 수 있다. 팀원이 더하고 팀장이 빼는 작업을 하는 것이 아니라 서로가 곱해지는 협업이 이루어져야 한다. '구글 닥스'나 '네이버 오피스'를 무료로 이용해 스마트 기기에서 동시에 작업을 할 수도 있다. MS의 오피스 365는 유료로 제공된다.

# 10. 이세돌 vs. 알파고

체스와 장기에서는 컴퓨터가 인간을 이겼다. 연산으로 모든 경우의 수를 빠르게 계산할 수 있어서 이루어진 결과다. 바둑은 여전히 모든 경우의 수를 연산(Computing)할 수 없다. 이런 경우, 인공지능이 필요하다. 알파고가 이룬 인공지능은 기계적으로 이룬 협업의 메커니즘이라고 할 수 있다.

1995년 인공지능 수업 시간에 교수님께 물었다.

"슈퍼컴퓨터로 바둑 프로그램을 만들면 사람을 능가할 수 있을까요?"

그때는 '된다'는 말을 들었다. 그러나 다음 시간에 교수님은 이 말을 정정했다. 경우의 수가 19!×19!이기 때문에 연산을 통해 착점을 정하는 것이 거의 불가능에 가깝다는 것이었다. 이세돌을 이긴 알파고 역시 연산으로만 바둑을 둘 수는 없다. 착점을 계산하다가는 날이 샌다. 질문을 한 지 20년 만에 세계 최고 기사를 이긴 바둑 프로그램이 등장했다.

하나씩 가르치거나 스스로 깨닫게 하거나.

　인공지능을 가르치는 방법은 크게 두 가지가 있다. 인공지능에게 남자와 여자를 가르친다고 가정해 보자. 첫 번째는 '이럴 때는 이렇다'를 알려주는 방법이 있다. '콧수염이 있으면', '목젖이 있으면' 등으로 남자의 특징을 알려준다. 마찬가지로 여자의 특징도 알려준다. 그런 다음, 인공지능에게 이 사람이 여자인지 남자인지 묻는다. 그러면 인공지능은 지금까지 배운 조건을 탐색해 답을 한다.

　두 번째는 사람을 보여주고, 남자 또는 여자라고 알려주는 방법이 있다. 가령, 수천 명을 보여주고, 인공지능이 그 특징을 스스로 알아내도록 한다. 감기 환자에게도 적용해 본다. 첫 번째 방법이 열이 38도가 넘고 콧물이 나며 오한이 있으면 감기로 판단하는 식이라면, 두 번째 방법은 이미 감기라고 알고 있는 환자의 데이터를 인공지능에 입력한 후 감기라고 정의하는 식으로, 감기라는 특징을 인공지능이 스스로 정의하는 방식이라고 할 수 있다.

협업팀에서는 선임(시니어 사원)이 후임(주니어 사원)을 가르친 후,
깨달을 때까지 기다리는 인내심도 필요하다.

알파고는 최선의 방법을 찾는 협업 프로그램이다.

여기서 이세돌을 이긴 알파고는 기본적으로 두 번째 방법을 쓴 것이다. 결과적으로 이세돌과 바둑을 두면서 선택한 착점은 여러 사람의 경험 중 이겼던 착점이었다. 여러 고수들이 가장 많이 선택한 착점을 알파고가 선택한 것과 다름없었다. 결국 이세돌 9단은 다수의 바둑 기사가 협업한 팀과 대결한 셈이었다. 기술적으로 들어가면 좀 더 복잡한 알고리즘과 방법론이 있겠지만, 협업이라는 측면에서 보자면 이렇게 분석할 수가 있다.

사람들 사이에만 협업이 있는 것이 아니다. 사람과 기계/IT와의 협업도 필요하다.

최근 들어 IBM의 '왓슨'이 의료 진단에 활용되고 있다. 사람과 비교했을 때, 진단의 정확성은 오히려 높다고 볼 수 있다. 사람은 같은 데이터를 가지고 실력에 따라 제각기 진단을 내린다. 하지만 왓슨은 같은 진단을 한다. 오진할 확률은 사람이 더 높다. 언젠가는 환자가 왓슨과 사람의 진단 중에서 선택을 하는 날이 보편화될지도 모른다. 가

천대 길병원과 부산대학교병원에 이어 2017년에는 건양대학교병원도 왓슨을 활용하기 시작했다.

## 협업 곱하기

5급 열 명이 1급 한 명을 이길 수 없다. 그렇다면 1급 천 명이 협업해 다른 1급 한 명과 바둑을 둔다면 누가 이길까? 알파고는 수많은 1급이 협업해서 최선의 수를 찾는 프로그램이다. 알파고를 이긴 인간은 이세돌 기사 한 명뿐이고, 오직 한 번밖에 못 이겼다.

### 협업 툴 활용 사례

모든 판례와 의학 논문과 임상 사례를 알고 있는 IBM 왓슨보다 기억력이 좋은 변호사나 의사는 없다. 전문가가 필요한 것은 그들의 안목 때문이지 기억력 때문이 아니다. 자료를 잘 찾는 사람이 고수가 아니라, 찾은 자료로 새로운 지식을 만들어 내는 사람이 고수다.

무료로 제공하는 구글 드라이브만으로도 여러 형태의 지식을 등록, 수정, 보완해서 협업을 지원하는 지식경영 시스템으로 활용할 수가 있다. 그러나 등록 작업을 별도로 한다면 또 다른 일이 되기 때문에, 회사 지식을 구글에 쌓는 것은 결코 만만치가 않다. 반면에 협업 툴은 일상 업무를 수행하는 과정에서 회사의 지식이 자연스럽게 쌓이고, 그 지식을 쉽게 검색하여 재사용할 수 있도록 해준다.

# 11. 신입 사원과 퇴사

중소기업이나 중견 기업에서는 신입 사원을 채용해도 1년 내에 그만두는 비율이 매우 높다. 이런 고민은 많고 적음에만 차이가 있을 뿐 대기업도 동일하다. 급여가 적어서일까? 아니면 기업문화 때문일까? 정작 이유는 다른 곳에 있었다.

서울대학교 조성준 교수가 신입 사원 중 퇴사자의 유형에 대해 빅데이터로 분석했더니 흥미로운 결과가 나왔다. 첫 번째 특징은 뜻밖에도 '출퇴근 거리'였다. 집과 회사가 멀면 면접관은 통상적으로 "거리가 먼데 출퇴근이 힘들지 않겠습니까?"라고 묻는다. 그러면 대부분이 "저는 아침형 인간이라 일찍 일어나기 때문에 출근 시간에 맞춰서올 수 있습니다"라며 문제없다고 답한다.

물론 먼 거리가 싫었다면 면접장에 오지도 않았을 것이다. 일단 한 곳이라도 합격하려고 그런 말을 했을 수도 있다. 그러나 막상 입사해서 먼 거리 때문에 아침저녁으로 피곤해지면 점차 다른 직장을 찾게 된다. 그래도 계속 다닌다면 다른 직장을 못 찾았거나 정말 좋은 회사라고 봐도 무방하다.

신입 사원은 시간이 지날수록 패기와 열정은 줄어들고 좌절에 휩싸인다.
협업도 시간이 지날수록 매너리즘에 빠질 수 있다.

이유가 단지 불편한 출퇴근 때문이라니….

두 번째는 거리는 멀지 않지만 출퇴근이 복잡한 경우다. 버스를 두 번 타고 지하철을 두어 번 갈아타는 상황이라면 거리에 상관없이 다른 직장을 찾게 된다. 요즘처럼 취업이 어려운 때에 퇴사의 주된 이유가 출퇴근의 피곤함 때문이라니, 기성세대는 도무지 이해할 수 없을 것이다. 이런 결과를 보고 필자도 면접관의 한 사람으로서 출퇴근 거리와 방법을 유심히 체크하게 되었다.

그런데 이에 대한 오너 경영인과 인사팀의 대응은 전혀 다르다. 인사팀은 출퇴근 문제로 퇴사할 가능성이 높은 지원자는 뽑기를 꺼린다. 뽑는 입장에서도 고민이 될 수밖에 없다. 출퇴근이 편한 지원자 위주로 채용한다면 무슨 중고교 배정도 아니고 회사 근처에 사는 사람을 선택할 수밖에 없다. 즉, 이력 사항이 비슷하다면 거주지가 가까운 지원자를 뽑으려고 하는 것이 인사팀의 대응이 된다.

역시 아무나 사장이 되는 것은 아니다.

반면에 오너 경영인은 전혀 다른 해법을 내놓는다. 기숙사를 만들어야 하나 혹은 셔틀버스를 마련해야 하나를 생각한다. 문제를 해결하기 위한 근본적인 대안을 마련하는 것이다. 인재 채용이 무엇보다 중요하다고 생각하기 때문이다. 이것이야말로 경영자와 관리자의 차이일 수 있다. 이러한 오너 경영인의 면모를 보면 어쩌다가 기업의 수장이 된 것이 아님을 알 수 있다.

어렵고 힘들 때면 왜 협업을 하게 되었는지 한 번씩 상기해 보자.
중간에 원기를 북돋도록(cheer up) 해줄 필요가 있다.

이밖에도 퇴사의 원인으로는 따돌림이 있었다. 회사에서도 외로움을 느낄 수 있다. 그런 느낌을 받는다면 당장 그만두고 싶을 것이다. 당연한 이유다. 또한 SNS 활동이 많은 사람도 순위에 올랐다. 회사에 대한 불만 등을 토로하는 '블라인드'라는 사이트가 있다. 신입 사원임에도 여기에 가입한 사람이라면 1년 이내에 퇴사할 가능성이 높으리라 예상된다.

**협업 곱하기**

가장 많이 팔리는 제품은 가장 필요한 제품이다. 어떤 문제를 해결해 주기 때문에 쓰는 것이다. 그것을 만들어서 시장에 내놓는 사람이 바로 사장이다. 직원이 생각해 낸 해결책은 직원 입장에서 나온 것이다. 사장이라면 곱하기를 위한 방안을 마련하고, 더 기다려야 할 이유가 없다면 바로 시행해야 한다.

### 협업 툴 활용 사례

기업을 이루는 구성원도, 성과를 만들어 기업의 성장을 이끌어 내는 주체도 결국은 사람이다. 함께 하고 싶은 사람과 키우고 싶은 사람을 채용하는 과정은 기업의 미래이며, 성장의 열쇠가 된다. 사람을 채용하고 평가하는 모든 과정에서 과거와 현재의 위치를 점으로 찍어보면 채용을 잘 했는지, 평가는 잘 했는지, 배치는 잘 했는지 쉽게 알 수 있다. 국내에서는 '마이다스 인사이트'가 직원들의 채용과 성과 측정을 위한 시스템으로 상품화되어 있다. 하지만 아쉽게도 아직까지는 유료만 있다.

사장은 직원들의 속마음을 알고 싶어 한다. 가장 쉬운 방법은 사내에 익명 게시판을 만들어서 마음껏 말하도록 하는 것이다. 익명은 부작용도 있으므로 주의해야겠지만, 특정 시기에 한 번씩 들여다보는 것은 협업의 문제를 찾아내는 도구가 될 수 있다. 협업 툴은 익명 게시판도 제공하지만, 직원들의 고충을 듣는 프로세스도 제공한다. 직원들은 자신의 고충을 누구나 등록할 수 있지만, 직원 간에 조회할 수는 없으며, 인사 임원 등 권한이 있는 사람만 조회 및 처리가 가능하다.

# 12. 실행가 vs. 전략가

어느 기업이나 문제는 있다. 문제를 해결하기 위해 컨설팅을 받자고 주장하는 임원도 어디나 있다. 당신은 혹시 컨설팅으로 그 문제가 해결될 것이라고 기대하고 있는가?

홈런 치는 방법을 가장 잘 설명하는 사람은 야구 해설가다. 하일성 씨와 허구연 씨의 해설을 들으면 왜 안타를 못 치고, 잘 치는지 그 이유를 알 수 있다. 김소월은 단지 '진달래꽃'을 노래했을 뿐인데, 평론가는 단어 하나하나를 분석한다. 김소월이 쓰지 않은 빈 공간, 즉 시구(詩句) 사이에 여백의 의미도 알려준다.

전략 컨설턴트나 벤처캐피털리스트, 기자들도 그런 측면이 강하다. 정작 자신은 실행도 하지 않으면서 남의 실행을 분석하고 평가한다는 면에서 그러하다.

옥(玉)을 가는 사람과 가리는 사람은 다르다.

• 해설가, 평론가, 컨설턴트, 투자자, 기자, 교수

• 창업자, 엔지니어, 마케터

이 두 그룹은 DNA가 다른 사람들이다. 옥(玉)이든 석(石)이든 만드
는 사람과 옆에서 옥석을 가리는 사람의 차이. 이 둘의 역할을 바꾸
면 어떻게 될까? 예를 들어 다음과 같이 말이다.

• 야구 해설가, 영화 평론가가 ⇨ 감독으로
• 투자자 워렌 버핏, 전략 컨설팅을 해준 컨설턴트, 교수가
  ⇨ 사장으로

입으로만 협업하는, 시늉만 하는 사람이 있다. 경계해야 한다.

전략 없는 실행은 있어도 실행 없는 전략은 없다.

해설처럼, 전략처럼 된다면 '맥킨지 앤드 컴퍼니'나 '보스턴컨설팅
그룹' 출신 컨설턴트는 모두 사업에서 성공해 벌써 부자가 되어 있어

야 마땅하다. 현장을 중시해야 하는 것은 공장만이 아니다. 어디나 직접 뛰는 사람의 감각이 더 중요하다.

"현대자동차에서는 아반떼만 만들어야 한다"고 말한 전략가가 많았다. 현대자동차의 이미지가 싸지만 탈 만한 차라는 이유를 대며 고객들이 그 이상의 차는 현대자동차에서 구매하지 않을 것이라고 조언했다. 그러나 그렇게 했다면 어떻게 되었을까? 현대자동차는 시장에서 퇴출되거나 하청 생산자가 되었을 것이다. 정몽구 회장의 판단과 결단이 있었기 때문에 현대자동차는 모닝부터 에쿠스까지 라인업을 갖춰 세계 5위 자동차 회사가 될 수 있었던 것이다.

반면에 두산은 소비재를 팔고 중공업 쪽으로 선회했다. 초기에는 잘 한 것처럼 보였다. 그러나 최근 들어 유동성 문제 등으로 어려움을 겪고 있다. 사업은 그럴 수 있다. 항상 성공할 수는 없다.

협업에서도 직접 발로 뛰는 사람이 중요하다. 계획을 장대하게 세우기보다는 프로토타입을 만들어서 볼 수 있도록 하고, 시장의 판단을 수용하는 것이 좋다. 투자자, 전략가, 컨설턴트만으로 협업팀을 만든다면 실행은 누가 하겠는가.

뭐니 뭐니 해도 묵묵히 실행하는 사람이 협업팀의 보배다.

**협업 곱하기**

컨설팅을 받자고 하는 임원이 컨설턴트의 의견을 충실히 실행할 의지가 있다면 괜찮다. 그러나 컨설팅이 문제를 해결해 줄 것이라고 기대한다면 손도 안 대고 코를 풀겠다는 심산이다. 컨설팅은 내부 임직원의 토의가 산으로 가지 않도록 하는 데 필요한 것이다. 많은 경우, 토론은 결론이나 실행 방안도 없이 끝난다. 컨설팅은 결론을 내리고, 실행 방안이 나오도록 도와주고 강제하는 역할로 활용해야 한다.

### 협업 툴 활용 사례

아이디어를 내는 것과 실행 가능한 기획을 채택하는 것은 전혀 다르다. 세계적인 컨설팅 회사들이 제시하는 현란한 이론에 현혹되어 잘못된 아이디어를 채택해 폐업에 이른 기업도 무수히 많다. 오히려 전문가는 회사 내에 있지 않을까? 그들을 위해 사내에 청와대와 같은 청원 프로세스를 만들어 보자.

협업 툴은 아이디어를 내고 동의하는 직원이 일정 수준에 도달하면, 회사가 추진 여부를 결정하도록 해준다. 이렇게 하면 직원들은 작은 아이디어 하나하나가 소중하게 다루어진다고 느끼게 되고, 아이디어에 대해 집단지성을 발휘해 협업도 이끌어 낼 수 있을 것이다.

# 13. 이슈 vs. 리스크

프로젝트 관리자(PM)인 김 과장은 하루하루가 전쟁이다. 문제가 매일 발생하고, 해결은 잘 안 된다. 회사는 프로젝트에서 가장 중요한 존재가 PM이라고 말한다. 과연 그가 중요한 것일까? 아니면 그의 역할이 중요한 것일까?

프로젝트를 관리할 때 종종 혼동해서 쓰는 말이 '이슈'와 '리스크'다. 결론부터 말하자면 '이슈'는 이미 문제가 발생한 상황이다. 프로젝트 관련자는 발생한 문제를 이슈로 공유하고, 함께 하려는 노력을 해야 한다.

문제를 좀 더 세분화해 보자. 문제(Problem)는 다시 '문제'와 '인시던트(Incident)'로 나누어진다. '인시던트'는 해결 방법(솔루션)이 있는 형태를 말하는 반면, '문제'는 아직 어떻게 해결할 것인지 정해지지 않거나 해결 방법을 찾지 못한 상태를 말한다. 즉, '문제'는 이슈로 공유해 어떤 방법으로 해결할 것인지 논의해야 할 대상이라고 말할 수 있다.

협업에서 '이슈'는 매일 먹어야 하는 비타민처럼 체크를 해야 한다.

프로젝트! 매일매일이 전쟁이다.

'리스크'는 아직 문제가 발생하지는 않았지만, 발생할 소지가 있는 상황을 말한다. 가령, 사용자가 요구 사항을 계속 바꾸는 상황이 발생한다고 가정해 보자. 그 요구를 들어주는 동안에는 납기를 못 맞추고, 비용이 추가로 수반된다. 또한 프로젝트 팀원의 갑작스러운 이직 역시 납기를 지연시킨다. 이런 경우, 요구 조건 미확정과 팀원 이직이라는 리스크가 있는 것이다. 이때 프로젝트 관리자는 리스크가 발생하지 않도록 요구 조건을 확정하고, 팀원들의 사기도 관리해야 한다. 리스크가 실제로 발생하지 않도록 회피해야 한다.

이슈는 이미 발생한 문제기 때문에 이해관계자가 함께 공유해서 해결을 위한 노력을 하면 된다. 그러나 리스크는 미래에 발생할 문제를 제대로 인식하지 못해 이해관계자 간에 갈등 요소가 되곤 한다. 한쪽은 상대가 늘 그래 왔던 것처럼 요구 조건을 변경할 것이라고 생각해 필요한 작업 공수를 미리 잡아 두려 하는 반면, 다른 한쪽은 이런 상황을 생각하지 못해 공수가 많다고 여긴다. 이런 것들을 해결하려면 결국 서로의 생각을 충분히 소통해 리스크 발생을 최소화해야 한다.

협업을 통해 찾은 해결 방안은, 끊임없는 질문과 대답을 통해
복잡한 미로를 뚫고 나온 것이다.

### 이슈, 리스크, 문제, 인시던트는 비슷한 말?

발생할 수 있는 문제, 즉 리스크를 미리 회피해서 이슈, 즉 발생된 문제가 나오지 않게 하는 것이 프로젝트 관리다. 이미 이슈가 되었다면, 해결 방법이 아직 정해지지 않았거나 찾지 못한 문제를, 해결책을 알고 있는 인시던트로 만드는 것 역시 중요하다. 우리가 지금 하고 있는 협업에서 어떤 이슈와 리스크가 있는지 살펴보고 정의해 보자. 문제는 인시던트로 만들어서 처리하는 프로세스가 필요하다는 것이다.

> **협업 곱하기**
>
> 이슈, 리스크, 문제, 인시던트를 대체할 적당한 우리말이 없다. 그만큼 위험에 대한 관리가 부족한 것은 아닐까. 팀에서 이 말들을 혼동해서 쓰고 있다면 프로젝트는 산으로 가고 있는 것이다. 이슈-리스크-문제-

인시던트를 구분하여 사용하고 있다면 곱하기를 하고 있다고 보아도 무방하다.

### 협업 툴 활용 사례

기업이 갖고 있는 경험을 정리하고 의견을 붙여 공유하고 있다면 자체적으로 컨설팅을 하고 있는 것과 같다. 지라나 아사나 등과 같은 프로젝트 관리 도구에서 무료로 제공하는 일부 기능을 활용하면 기업의 경험을 정리해 쌓아 놓을 수가 있다. 특히 이러한 도구들은 단기 프로젝트에 유용하게 활용할 수가 있다.

협업 툴은 조직의 이슈와 리스크를 정리하고 공유할 수 있도록 문서화를 지원하고 있다. 진행 상태, 우선순위, 담당자, 일정을 한눈에 확인함으로써 호미로 막을 것을 호미로 막아 협업의 효과를 바로 볼 수도 있다.

# 14. 토끼/거북이 vs. 토끼의 간

삼성이 애플과의 스마트폰 경쟁에서 점점 밀리고 있다. LG는 아예 휴대폰 사업부를 접었다. '못 만들어서 못 판다'는 마케팅 부서와 '팔아 오기만 해라. 다 만들어 주겠다'는 생산 부서의 경쟁으로는 밖에서 이길 수가 없다.

## 첫 번째 상황

토끼와 거북이가 경주를 했다. 토끼가 졌다. 토끼는 자만에 빠져 중간에 잠을 잤고, 거북이는 포기하지 않았기 때문에 이겼다. 모두가 알고 있는, 꾸준히 끝까지 노력하면 성공할 수 있다는 교훈이다.

다이어트도 거북이처럼 꾸준히, 지속적으로 해야 한다. 토끼처럼 빠른 시간에 살을 너무 많이 빼면 요요 현상으로 인해 체중이 더욱 불어나는 경우가 많다. 모래 위에 누각을 짓고 투자를 받은 스타트업이 지속될 수 없는 것과 같은 이치다.

### 두 번째 상황

토끼는 아무리 생각해도 억울했다. 한 번 더 하자고 제안했고, 다시 경주를 했다. 이번에는 이변 없이 토끼가 이겼다. 결국 실력이 중요하다는 교훈이다. 모든 토끼가 중간에 잠을 자는 것은 아니니 말이다. 정말 실력이 있고, 겸손하며, 배려하고, 함께 한다면 성공할 수가 있다.

하지만 살면서, 사업하면서, 연애하면서, 결혼 생활을 하면서, 어떤 경우든 난관이 있기 마련이다. 잠을 안 자고 아무리 달려도 갈 수 없는 상황이 있다. 다음 상황이 그렇다.

잘 하는 사람이 쉬지 않고 협업을 하면 더 잘 할 수 있다.

### 세 번째 상황

거북이도 곰곰 생각한다. 이번에는 거북이가 경주를 제안한다. 그리고 경주하는 길을 바꾸자고 제안한다. 토끼는 아무 생각 없이 동의한다. 역시 토끼가 앞서간다. 그런데 평소에 다니던 평탄한 길이 아니라 강물이 나타난다. 토끼가 건너지 못하고 쩔쩔매는 사이에 거북이가 나타나 유유히 강물을 건너 토끼를 이긴다. 본인의 강점이 발휘되는 환경에서 경쟁해야 한다는 교훈이다.

　이순신 장군이 한 번도 지지 않았던 것은 이길 장소와 상황에서 전투를 했기 때문이다. 싸움 자체는 원균이 오히려 더 용감하게 했다고 한다.

협업에 유리한 조건을 만들어야 한다. 이순신 장군은 지지 않을 장소와 시간을 파악해서
왜군과 싸웠기 때문에 전승(全勝)을 했던 것이다.

## 네 번째 상황

　여기서 한 번 더 생각해보자. 거북이가 토끼를 업고 강물을 건너면 어떨까? 그렇다. 협업이다. 그런데 거북이와 토끼는 왜 협업해야 할까? 서로 경쟁하고 있는데 말이다. 협업을 하려면 공동의 목표가 있어야 한다. 거북이는 토끼의 간을 용왕님께 드리기 위해, 토끼는 보물과 벼슬이 탐나서 바닷속으로 가야 하는 공동의 목표가 생겼을 때, 거북이는 토끼를 등에 태우게 된다. 우리가 아는 별주부전 이야기다.

협업은 완전히 다른 사람, 완전히 다른 환경에서도 가능하다.

## 협업 곱하기

생산 부서와 마케팅 부서가 협업을 하려면 공동의 목표를 가져야 한다. 지금까지 애플을 쫓아 열심히 달려왔고 성공적인 부분도 많았지만, 여전히 애플은 앞에 있다. 중국 제품이라는 커다란 강물도 새로 생겼다. 토끼가 거북이 등에 올라타야만 강물을 건널 수 있는 상황이 된 것이다.

이제는제품을 팔기 위해서 마케팅 부서만 쳐다보아서는 안 된다. 오히려 생산 부서가 왜 마케팅 부서와 협업이 안 되고 있는지를 진단하고 처방을 해야 한다.

### 협업 툴 활용 사례

협업을 지원하고 체계화해 주는 도구가 점점 많아지고 있다. 한 개의 솔루션이 필요한 모든 메뉴와 기능을 제공해 주면 좋겠지만, 그런 솔루션은 존재하지 않는다. 원하는 것이 많은 만큼 제공되는 온라인 도구도 다양하다. 어떤 도구가 좋냐는 우문(愚問)에 대한 현답(賢答)은 내가 필요한 도구를 찾아서 사용하는 것이라고 할 수 있다.

이제는 협업을 위한 도구도 필요하고, 외부 이해관계자와의 소통을 위한 전자메일도 있어야 한다. 회사가 체계화되어 가는 중에 전자결재도 요구된다. 일정 공유를 위한 캘린더, 재택근무가 증가되면서 영상 회의 시스템도 있어야 한다. 근로기준법 개정에 따라 근태 관리도 중요해졌다. 협업을 위한 니즈(Needs)는 이처럼 크게 증가하고 있지만, 이를 모두를 제공하는 솔루션은 존재하지 않는다. 하나의 공급사가 세상의 모든 기술을 알고, 모든 도구를 만들 수 없기 때문이다.

협업 툴은 이러한 상황을 토끼와 거북이의 협업처럼 서로 보완해 주도록 만들었다. 거북이처럼 목표를 향해 쉬지 않고 가면서도 시대가 요구하는 다양한 도구들을 협업을 통해 함께 사용할 수 있도록 해준다.

3+3은 6이지만, 3×3은 9가 된다. 협업은 덧셈을 넘어 곱셈이 되어야 한다. 치열함이 없으면 TFT(Task Force Team)를 해체하는 것이 오히려 낫다. 기업의 성과를 측정해서 좀 더 성장하기 위한 KPI(Key Performance Indicator, 성과 달성 목표)는 자칫 "나만 아니면 돼"로 변질되기 쉽다. 따라서 밑바탕에는 진정성이 있어야 한다.

현대차동차와 기아차동차가 만나 현대기아자동차가 되었다. 경례를 하지 않는 이스라엘 군인이 세계 최강이다. 팀의 업무를 나누되 협업이 될 수 있도록 해야 한다. 돈가스와 치킨은 같이 튀겨야 하고, 그들 간의 업무는 계약 수준으로 정의할 필요가 있다.

실행자와 전략가는 다른 사람이다. 머릿속에서는 모든 것을 할 수 있으나, 손발은 그렇지 않다. 신입 사원의 애로 사항 역시 현장에서 데이터로 찾아야 한다. 이슈는 해결하고, 리스크는 회피하면서 토끼와 거북이가 덧셈을 넘어 곱셈을 하면 모든 환경에서 가장 빠르게 달릴 수 있다.

# 오이사공5240 소개

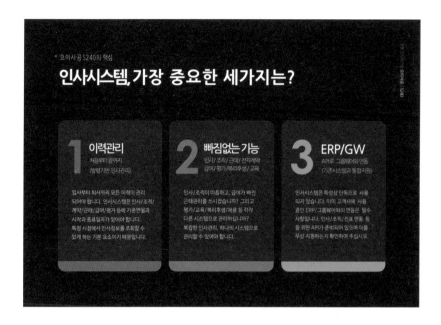

* 오이사공 5240의 핵심

# 인사시스템, 가장 중요한 세가지는?

**1 이력관리**
처음부터 끝까지
(발령기반 인사관리)

입사부터 퇴사까지 모든 이력이 관리
되어야 합니다. 인사시스템은 인사/조직/
계약/근태/급여/평가 등에 기준연월과
시작과 종료일자가 있어야 합니다.
특정 시점에서 인사정보를 조회할 수
있게 하는 기본 요소이기 때문입니다.

**2 빠짐없는 기능**
인사/조직/근태/전자계약
급여/평가/복리후생/교육

인사/조직이 미흡하고, 급여가 빠진
근태관리를 쓰시겠습니까? 그리고
평가/교육/복리후생/채용 등 각각
다른 시스템으로 관리하십니까?
복잡한 인사관리, 하나의 시스템으로
관리할 수 있어야 합니다.

**3 ERP/GW**
API로 그룹웨어와 연동
(기존시스템과 통합지원)

인사시스템은 특성상 단독으로 사용
되지 않습니다. 이미 고객사에 사용
중인 ERP/그룹웨어와의 연동은 필수
사항입니다. 인사/조직/전표 연동 등
을 위한 API가 준비되어 있으며 이를
무상 지원하는지 확인하여 주십시오.

* 오이사공 5240의 준비

# 문의하여 주십시오.
# 오이사공 5240은 이미 준비되어 있습니다.

**근로기준법에 근거한
모든 제도를 운영할 수 있습니다.**

선택근로/탄력근로, 시차근무, 자율근무,
시업·종업, 출근-퇴근, 지각, 조퇴, 외출 등
근로기준법에서 규정한 근태와 고객사별로
고유의 제도를 즉시 적용할 수 있습니다.

**소득세법에 근거한
모든 제도를 운영할 수 있습니다.**

모든 급여항목을 하나도 빠짐없이 끝까지
관리할 수 있습니다. 근태/평가/직무와
자동화된 급여처리, 임금피크, 퇴직금,
4대 보험, 원천세, 연말정산 등 급여의
모든 사항을 즉시 적용할 수 있습니다.

**인사시스템, 설정으로 회사의
제도를 반영할 수 있습니다.**

처음에는 근태 등을 ERP와 그룹웨어로
그럭저럭 관리할 수 있지만, 회사가
성장하면서 많은 변화와 새로운 적용
사항이 발생합니다. 10만개가 넘는
조합으로 제도 변경을 즉시 반영합니다.

3

• 오이사공 5240 급여시스템

**다양한 근태사항을
급여에 반영해야 합니다.**

연차/보상휴가, 연장근무, 휴일근무, 대체후무 등 근태 하나 하나가 급여에 처리되어야 합니다. 포괄임금도 근태내역과 계산이 필요합니다. 오이사공 5240에서는 근태 사항이 급여에 자동 반영됩니다.

**인사변동에 의한 원가(Cost)
변동 및 분할 처리가 가능합니다.**

원가중심점(Cost Center)을 관리하는 기업은 급여가 원가(Cost) 배분되어 관리회계로 반영되어야 합니다. 복잡한 제조업과 유통업의 코스트센터 관리를 위해 오이사공 5240은 인건비와 관리회계를 자동 연동해줍니다.

**발령에 따라
수당 등이 자동 계산 됩니다.**

직급, 직무, 근무지에 따른 각종 수당 등 인사발령의 내역에 따라 수당이 변동됩니다. 인사발령과 급여가 따로 관리되면 인사 내용과 급여가 어긋납니다. 인사발령과 급여 연동은 오이사공 5240의 기본 중 기본입니다.

**원천세가
자동으로 집계 됩니다.**

근로(급여)소득, 퇴직소득 및 사업, 기타소득등 시스템에 등록한 자료의 원천세가 자동 집계 되어야 하고 전자파일 및 지급조서가 생성되어야 합니다. 오이사공 5240으로 다양한 원천세 업무를 시스템화 하십시오.

**연말정산,
빠뜨릴 수 없습니다.**

연말정산 신고의무가 기업에 있는 한 벗어날 수 없습니다. 국세청 PDF 자료를 그대로 등록하고, 인사정보와 연계하여 몇 번의 클릭으로 연말정산 을 끝내고, 모니터링 등 오이사공 5240으로 인사 팀 업무를 줄여 주십시오.

**근로기준법에 따른
임금명세서를 반영했습니다.**

근로기준법 개정에 따라 2021년 11월부터 임금 명세서에 임금의 구성 항목, 계산 방법, 공제 내역 등을 모함해서 교부해야 합니다. 복잡해진 근태 사항을 오이사공 5240에서는 자동으로 표시해 줍니다.

● 오이사공 5240 인사시스템

# 인사 신청-승인 워크플로우(전자결재),
# 인사팀의 고충을 해결합니다.

**인사팀이 하나 하나 개입하고
처리하지 않아도 됩니다**

- 전결규정만 만들어 놓으세요.
  규정대로 처리됩니다.
- 인사시스템 도입으로 프로세스와
  규칙대로 이행되는 과정에서 인사팀의
  개입을 최소화합니다.
- 단순업무는 시스템의 프로세스에 맡
  기고 본연의 업무에 집중하십시오.

**조직도, 인사발령과 연계되고
47개 결재 옵션을 제공합니다.**

- 발신결재, 수신결재, 합의/참조 등을
  인사발령·조직도와 연계하십시오.
- 전자결재에서 서식이 가장 많이 필요한
  부서가 인사/총무팀입니다.
  모두 워크플로우를 만들 수 있습니다.
- 메시지, 첨부, 일괄결재, 취소, 대리신청,
  인쇄 등 47개 옵션을 제공합니다.

**인사-총무 신청 자유품,
인사팀에게 자유를 줍니다.**

- 데이터를 포함한 결재양식을 자유롭게
  만들 수 있습니다.
- 연차촉진 안내서, 근로계약서, 연봉계약서,
  보안서약서 등을 자유롭게 만들어서
  사용하세요.
- 오이사공5240이 미리 준비한 600여개의
  신청서를 바로 활용할 수 있습니다.

8

---

● 오이사공 5240 전자계약

# 인사와 급여정보가 연동된
# 근로/연봉계약, 보안서약이 되어야 합니다.

인사담당자 → 근로계약 교부 서약서 청구 연차촉진 〉 근로자 → 근로자 접수 내용 확인 전자결재로 접수 내용확인 〉 근로자 → OTP 입력 본인인증 근로계약 부인방지 〉 근로자 인사담당자 → 동의/수정 다수협약/조항 동의 독려발송/거절발송 〉 근로자 → 인쇄 본인보관 화사-백 오프라인제공

**최초-갱신계약
인사발령과 연동**

채용,퇴사,승진,부서이동에 따른
인사정보로 계약대상자와 주기
를 관리할 수 있도록 합니다.

**인사시스템의
메뉴로 내장**

인사시스템의 하부 메뉴로
모바일을 포함하여
전자계약을 제공합니다.

**연차촉진까지
전자계약으로 제공**

여태까지 서면으로 연차촉진을
하였다면, 지금부터는 시스템에
알기세요.

**계약업무를 위한
워크플로우 제공**

각종 계약서별로 관리하는
자동화 워크플로우 프로세스를
제공합니다.

9

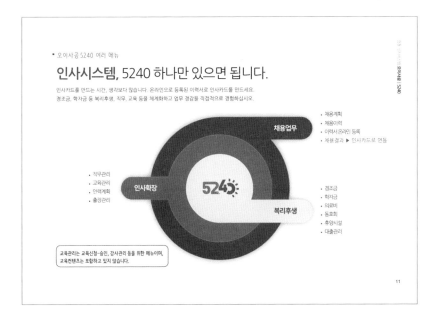

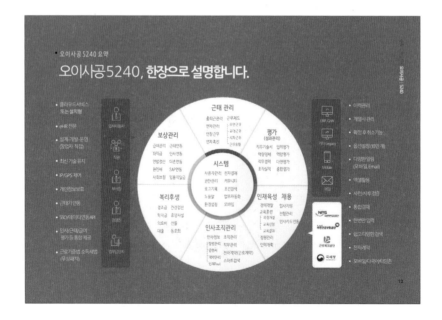

오이사공 5240
**함께 해결**해 드리겠습니다

오이사공 5240
**고객에 맞춰** 드리겠습니다.

- 저희는 한 우물만 파고 든 인사시스템 전문기업입니다.
- 저희가 만든 시스템 저희가 직접 운영하고 유지보수합니다.
- 항상 모든 고객사에 동일한 최신 시스템을 공급합니다.

- 클라우드(표준, 고객별) 또는 설치형을 선택하십시오.
- 제품만, 컨설팅까지, 구축인력 모랑여부를 선택하십시오.
- 표준에 기반한 요건반영, 전통적인 SI를 선택하십시오.

## [ 시 스 템 의   성 공 ]

고객과 인사팀, IT부서의 전략과
솔루션의 우수성, 공급사의 경험이 모여
긍정의 협업을 이루어야 합니다.

시스템의 성공을 통해
고객의 성공을 함께하겠습니다.

**영업 대표번호** | **TEL** 010-5940-5240 | **E-mail** colaple@5240.kr | **Web** http://5240.kr

## 협업의 힘

초판 1쇄 인쇄 | 2023년 3월 13일
초판 1쇄 발행 | 2023년 3월 21일

지은이 | 임채연
펴낸이 | 김진성
펴낸곳 | 호이테북스

편　집 | 허민정, 강소라, 정서윤
디자인 | 이은하
관　리 | 정보해

출판등록 | 2005년 2월 21일 제2016-000006
주　　소 | 경기도 수원시 장안구 팔달로237번길 37, 303호(영화동)
대표전화 | 02) 323-4421
팩　　스 | 02) 323-7753
홈페이지 | www.heute.co.kr
전자우편 | kjs9653@hotmail.com

Copyright©by 임채연

값 18,000원
ISBN 978-89-93132-83-0 (03320)